中国经济文库 · 应用经济学精品系列（二）

国家自然科学基金资助项目（71103062）
湖南科技大学学术著作出版基金资助

吴建军
仇　怡 ◎著

对外直接投资与母国技术进步：理论、模型与经验研究

Outward Direct Investment and Home Technology Progress: Theory, Model and Empirical Research

中国经济出版社
CHINA ECONOMIC PUBLISHING HOUSE
北京

图书在版编目（CIP）数据

对外直接投资与母国技术进步：理论、模型与经验研究/吴建军，仇怡著．北京：中国经济出版社，2014.7

ISBN 978-7-5136-3332-1

Ⅰ.①对… Ⅱ.①吴… ②仇… Ⅲ.①对外投资—直接投资—研究—中国 Ⅳ.①F832.6

中国版本图书馆 CIP 数据核字（2014）第 149232 号

责任编辑　贺　静
责任审读　霍宏涛
责任印制　马小宾
封面设计　华子设计

出版发行　中国经济出版社
印 刷 者　北京科信印刷有限公司
经 销 者　各地新华书店
开　　本　710mm×1000mm　1/16
印　　张　11.5
字　　数　182 千字
版　　次　2014 年 7 月第 1 版
印　　次　2014 年 7 月第 1 次
定　　价　32.00 元
广告经营许可证　京西工商广字第 8179 号

中国经济出版社 **网址** www.economyph.com **社址** 北京市西城区百万庄北街 3 号 **邮编** 100037

本版图书如存在印装质量问题，请与本社发行中心联系调换（联系电话：010-68330607）

摘　要

长期以来,国际资本流动的相关问题一直是国际经济学研究的重点领域。近年来,随着发达国家之间以及发达国家到发展中国家对外直接投资的快速发展,国际资本流动出现了新的趋势。广大落后的发展中国家也开始逐步“走出去”,向发达国家进行对外直接投资。这种资本流动的动因与对外直接投资的逆向技术进步效应是密不可分的。发展中国家的“技术寻求型”对外直接投资,成为了它们获取发达东道国先进技术的重要途径。随着经济全球化步伐的不断加速和中国经济的迅速发展,中国越来越多的企业开始从全球视角配置资源,逐步扩大对外直接投资的规模。开放经济条件下,中国企业如何通过技术寻求型对外直接投资提升自主创新能力,已成为讨论建设创新型国家的新思路。

改革开放以来,中国经济建设取得了举世瞩目的成就,但与发达国家相比技术水平整体不高。虽然一直推行的外资吸引政策给我们带来了一定的技术外溢,但是随着世界经济格局的不断变化,单靠吸引外资来获取技术外溢已无法满足中国经济发展的需要。要想在国际竞争中获取并保持优势,就必须在多渠道获取技术外溢的基础上,对其消化、吸收从而再创新。对外直接投资作为国际资本的重要流向之一,无疑应该成为一国吸引外资的重要补充。中国作为世界上最大的发展中国家,在不断推进改革开放和现代化建设的进程中,国际投资的技术溢出应该成为促进中国技术进步的重要途径。因此,在吸收外商直接投资的同时,如何有效利用对外直接投资的逆向技术进步效应,对提高本国自主创新能力十分重要。

本书首先界定了对外直接投资与技术进步的相关概念,提出了一个技术外溢、技术创新与对外直接投资的理论分析框架,分别从发达国家与发展中国家的视角,对对外直接投资的相关理论作了简要回顾。在参考前人研究的基础上,对对外直接投资的逆向技术溢出效应、对外直接投资促进母国技术创新的机理、影响中国对外直接投资技术进步效应的因素等方面作了理论分析,并构建了相应的计量模型。理论分析之后,本书从中国对外直接投资的规模、形式、行业、主体、区域等方面考察了近年来中国对外直接投资的发展概况,并同 G-7 国家进行了国际比较。研究发现,近年来中国对外直接投资发展迅速,但总体规模仍显滞后,技术寻求型 ODI 不多,投资区域过于集中,到发达国家和地区的对外直接投资偏少。根据建立的理论模型,本书运用中国对外直接投资的相关数据,检验了中国对外直接投资的逆向技术外溢效应,并对主要经济体直接投资带来的逆向技术外溢进行了国际比较。研究发现,中国通过对外直接投资获得了正的技术外溢效应,中国到发达国家和地区进行对外直接投资对母国的技术进步具有显著的促进作用。

进一步的,本书考察中国对外直接投资能否给母国带来技术创新效应。从研发(R&D)经费支出、专利申请与授权等方面,对中国与 G-7 国家的研发投入与产出状况进行了比较分析。结果发现,中国 R&D 经费尽管呈逐年递增趋势,但研发投入强度不高,基础研究与应用研究领域投入比重偏低,发明专利授权量过少。同时,从研发投入和产出两个角度,综合考察了对外直接投资对母国的技术创新效应。结果表明,中国对外直接投资对国内的技术创新活动带来了正的影响,且大于吸引外商直接投资对国内研发投入与发明专利授权量的影响程度;对外直接投资对国内创新活动产出(专利授权量)的影响略大于其对创新活动投入(研发资本存量)的影响;中国对外直接投资对发明专利授权量的影响程度大于其对专利授权总量的影响程度。这说明,中国的对外直接投资能够给母国带来技术创新效应,是中国获取国外先进技术外溢的重要渠道。此外,本书运用中国的省际面板数据考察了对外直接投资对中国区域创新能力的影响。研究发现,中国对外直接投资具有明显的地域集中性,投资主要分布在高创新能力地区;通过对外直接投资溢出的国外研发资本显著地促进了中国创新能力的提高,但存在显著的区域差异:对高创新能力地区影响最大,对中创新能力地区的影响程度次之,而对低创新能力地区的影响最小。

一国对外直接投资技术进步效应的程度会受到多重因素的影响,本书把关于对外直接投资技术进步效应的主要影响因素归类于东道国和母国，不仅分析了母国的技术吸收能力、实际有效汇率和金融发展水平，还考察了东道国的技术创新能力、经济发展水平和对外开放程度等因素对中国技术进步效应的影响。研究发现，中国逐年下降的实际有效汇率与不断发展的金融水平对 ODI 的技术进步效应起到了一定的促进作用，而中国较低的研发活动投入、财政教育投入以及人力资本水平影响了中国的技术吸收能力，没有有效促进中国对外直接投资的技术进步效应；东道国的研发资本存量是影响中国对外直接投资技术进步效应的首要因素。同时，本书分区域考察了母国吸收能力对中国 ODI 逆向技术溢出的影响程度，研究表明：影响地区吸收能力的主要因素为技术市场开放度和发展水平、产出集聚效应、对外直接投资规模和现有技术能力；东部沿海地区吸收能力最强，西部地区（四川除外）最弱；地区吸收能力是影响 ODI 逆向技术溢出效应的重要因素，中部地区吸收能力的促进作用比东西部地区显著。最后，基于本书的理论分析和实证结论，提出了扩大对外直接投资、提高消化吸收与再创新能力的相关政策建议：提升中国对外直接投资层次与水平，丰富“走出去”战略内涵；鼓励企业开展技术寻求型直接投资，加快国外技术引进步伐；积极推动科学技术跨越式发展，壮大国内科技发展实力；加大教育与研发投入力度，提高消化吸收与再创新水平。

CONTENTS 目录

表目录

图目录

1 绪 论

1.1 研究背景与意义

1.1.1 选题背景

在经济全球化不断加速和科学技术日新月异的21世纪,国际资本流动本身及其与技术进步的联系已成为目前学术界关注的重要问题之一。选择"对外直接投资与母国技术进步"作为研究的主题,主要是基于对中国经济发展的现实问题以及有关技术进步与经济增长的理论背景的综合考虑。

首先,从中国经济发展的现实情况来看,在国际竞争日趋激烈的背景下,增强自主创新能力是建设创新型国家的关键,结合当代全球化趋势,通过国际投资促进一国技术创新为解决这一问题提供了有益思路。在当今全球化的时代背景下,如何充分利用各种技术外溢渠道获取外部先进技术,并对其消化、吸收乃至再创新是我们对外开放进程中需要考虑的重大问题。改革开放以来,吸引外商直接投资(FDI)和对外贸易所取得的骄人成绩使得学术界对其展开了大量的研究,而对外直接投资(ODI)却因其规模较小而未受到学者们的广泛关注。事实上,随着中国经济持续、快速、稳定的发展,对外直接投资的规模也开始日益壮大。据商务部发布的最新统计数据显示,2002—2012年,中国对外直接投资的年均增长速度为41.6%。2012年,欧债危机不断蔓延,世界经济发展的不确定因素增加,全球外国直接投资流出流量较上年下降了17%,在这种背景下,中国对外直接投资逆势上扬,创下了流量878亿美元的历史最高值,实现了17.6%的较高增长,首次成为世界三大对外投资国之一。根据联合国贸发会议(UNCTAD)《2013年世界投资报告》显示，2012 年中国对外直接投资流量名列全球第三位，为发展中国家首位。因此，面对中国日益增长的对外直接投资规模，我们有必要将其作为国际技术外溢的重要渠道进行详细研究。

其次，从理论背景来看，随着新增长理论的兴起和新的实证方法的广泛运用，关于国际技术外溢与经济增长的研究近年来表现得异常活跃，研究内容和角度也日益深入。新经济增长理论认为，一个国家经济要实现稳定的可持续发展，资本、劳动力和知识是不可或缺的因素，其中知识尤为重要。根据国际投资理论，按照资本的流向，把一国到国外进行的投资称为对外直接投资，由于企业无法通过对外贸易达到其发展目标，因而转而采用对外投资的方式。一般的，进行对外直接投资的跨国公司为了在竞争中保持优势，通常不会将其最核心的技术以转让或对外直接投资的方式转移出去，这就要求后发国家的企业主动“走出去”，开展以技术学习为目的的对外直接投资，从而获取逆向技术外溢效应。越来越多的研究表明，一国对外直接投资具有技术寻求动机，且普遍存在逆向技术外溢效应，通过对外直接投资获得的先进技术有助于加速母国产品的更新替代和自主创新能力的提升。因此，作为世界上最大的发展中国家，借助对外直接投资促进国内技术升级应该是中国实施“走出去”战略的重要目标之一。

1.1.2 研究意义

本书从对外直接投资这一较为新颖的视角分析了国际直接投资、技术外溢与母国技术进步的内在关系，并研究了影响这种技术外溢效应的国内外因素，具有一定的理论研究价值和实际借鉴意义。

技术进步是人类进步和发展的核心。技术进步推动了经济增长，提高了经济福利和社会福利，已成为社会进步的重要推动力量。开放经济系统中，一国技术创新能力的提高不仅取决于本土技术研发，也受到外国技术溢出的影响。引进、消化、吸收、再创新是一个国家特别是发展中国家增强自主创新能力和国家竞争力的重要途径。随着经济全球化进程的不断推进，各国经济联系日益紧密，通过各种技术溢出途径促进本国技术创新已经发挥着越来越重要的作用。国际投资（包括外商直接投资和对外直接投资，即 FDI 与 ODI）作为国际技术扩散的主要途径，为各国技术进步带来了重要的促进作用。Eaton & Kortum（1996，1999）、Lichtenberg et al（1998）认为一国创新活动可以通过国际经济活动直接或间接地扩散到他国。Keller(2001)认为技术外溢的传递渠道主要有FDI、国际贸易、人口流动、劳务输出以及信息交流等,其中以FDI、国际贸易为最重要的两个渠道。已有的大量经验性检验已经表明,通过外商直接投资(FDI)、国际贸易等渠道对东道国的技术外溢已经成为东道国技术进步的重要来源之一(尽管也有少许检验结果认为外商直接投资的技术外溢效应不明显、不存在甚至存在负效应),但是基于对外直接投资的相关研究却很少。一国的对外直接投资会给母国带来怎样的技术外溢,这种技术外溢效应的实现又会受到哪些主要因素的影响,以及母国如何通过对外直接投资提高其技术吸收能力以加强引进、消化、吸收、再创新,等等,是我们需要关注的问题。正如Coe & Helpman(1995)、Eaton & Kortum(1996)以及Keller (2001)等重要文献所指出的那样,随着各国经济联系程度日益紧密,一国技术进步往往是来自外部技术引进、技术外溢的结果,而不是完全的独立自主创新。因此,研究对外直接投资作为国际技术外溢的一个重要渠道,考察开放经济系统中对外直接投资促进母国技术进步的作用机理显得尤为重要。

改革开放以来,中国经济建设取得了举世瞩目的成就,但与发达国家相比技术水平整体不高,自主创新能力有待发展。第一,中国是研发投入与研发能力相对短缺的发展中国家,自主创新能力不强;第二,尽管自1992年以来中国一直是世界吸收外资最多的发展中国家,但在引资中存在着“重数量、轻质量”现象,引进技术含量的整体水平不高,特别在再创新方面还存在很大差距;第三,虽然中国实施“走出去”战略已取得初步成效,但对外投资中“重资源、轻制造”的产业特点使国内企业逆向学习机会不多。中国既是发展中国家,又是吸引外资大国,国际投资的技术溢出应该成为促进中国技术进步的重要途径。因此,如何充分利用国际投资的两个技术外溢渠道,对提高本国自主创新能力显得十分重要。党的十八大报告明确指出:“实施创新驱动发展战略。要坚持走中国特色自主创新道路,以全球视野谋划和推动创新,提高原始创新、集成创新和引进消化吸收再创新能力,更加注重协同创新……全面提高开放型经济水平。适应经济全球化新形势,必须实行更加积极、主动的开放战略,完善互利共赢、多元平衡、安全高效的开放型经济体系。”党的十八届三中全会通过的《中共中央关于全面深化改革若干重大问题的决定》指出:“适应经济全球化新形势,必须推动对内对外开放相互促进、引进来和走出去更好结合,促进国际国内要素有序自由流动、资源高效配置、市场深度融合,加快培育参与和引领国际经济合作竞争新优势,以开放促改革。”2012 年年底召开的中央经济工作会议强调:“要着力增强创新驱动发展新动力,注重发挥企业家才能,加快科技创新,加强产品创新、品牌创新、产业组织创新、商业模式创新。要加强外商投资权益和知识产权保护,稳定利用外资规模,扩大对外投资。”2013 年年底召开的中央经济工作会议提出应“加强对走出去的宏观指导和服务,提供对外投资精准信息,简化对外投资审批程序”。目前全国正实施《国家中长期科学和技术发展规划纲要(2006—2020 年)》,本书立足于中国国情,研究对外直接投资促进母国技术进步的机理、模型与政策,积极探索建设创新型国家的国际化思路,具有十分重要的现实意义。

1.1.3 有关概念的说明

1.1.3.1 对外直接投资

根据 2012 年 12 月中国商务部、国家统计局和国家外汇管理局公布的《对外直接投资统计制度》,对外直接投资(Outward Foreign Direct Investment,简称 ODI)是指中国企业、团体等(以下简称境内投资者)在国外及港澳台地区以现金、实物、无形资产等方式投资,并以控制国(境)外企业的经营管理权为核心的经济活动。对外直接投资的内涵主要体现在一经济体通过投资于另一经济体而实现其持久利益的目标。直接投资企业指境内投资者直接拥有或控制 10% 或以上投票权(对公司型企业)或其他等价利益的境外企业。境外企业按设立的方式主要分为子公司、联营公司和分支机构。本书主要分析中国对外直接投资的技术进步效应,采用上述商务部对中国对外直接投资概念的界定,基本的统计数据来自历年的《中国对外直接投资统计公报》和联合国贸发会议(UNCTAD)各年的《世界投资报告》。

1.1.3.2 技术进步

根据技术进步的相关理论,技术进步的来源主要包括技术创新与技术外溢。技术创新主要是指企业通过增加研发投入和人力资本以提高自身的技术创新能力,增加其产品的技术含量,它主要强调依靠自身的技术革新实现技术进步。技术外溢是指企业通过各种外溢渠道获得他人的先进技术后

(这里不需要为获得技术支付成本),对其消化、吸收、改进并再创新。本书将主要从技术创新与技术外溢两种技术进步的形式,考察对外直接投资这种技术外溢渠道与它们之间的理论联系,以及对外直接投资对母国技术进步的影响。

有关技术创新的理论观点,学术界首推熊彼特的观点。熊彼特(1912)在《经济发展理论》一书中提出的创新理论,指出了创新或技术进步是经济系统的内生变量,强调了创新、模仿和适应在经济增长中的决定作用。熊彼特认为,经济增长的过程是通过经济周期的变动实现的,经济增长与经济周期不可分割,它们的共同起因是企业家的创新活动,创新是企业家的特有职能。根据熊彼特的定义,创新是指企业家使生产要素实现新组合,建立一种新的生产函数,它包括:①采用一种新产品;②采用一种新的生产方法;③开辟一个新市场;④获得原材料或半成品的一种新的供给来源;⑤实行一种新的企业组织形式。傅家骥(1998)在此基础上对技术创新作如下定义:技术创新是企业家抓住市场的潜在赢利机会,以获取商业利益为目标,重新组织生产条件和要素,建立起效能更强、效率更高和费用更低的生产经营系统,从而推出新的产品、新的生产(工艺)方法、开辟新的市场、获得新的原材料或半成品供给来源或建立企业新的组织,它是包括科技、组织、商业和金融等一系列活动的综合过程。

而技术外溢是一种外部效应,一种非自愿的技术扩散,主要表现在拥有新技术的企业既不能从中获得经济补偿,获得外溢技术的企业也无须为其支付费用。目前学术界关注最多的技术外溢渠道主要有:进出口贸易、吸引外商直接投资(FDI)、人口迁徙以及信息交流等,其中国际贸易与FDI又是最受关注的传播渠道。目前学者们主要研究的是通过商品的流动而带来的技术溢出,其中又把重点放在以国际贸易和国际投资为知识载体的研究上。考虑到资本双向流动的特点,本书将主要探讨中国对外直接投资带来的逆向技术外溢与技术创新效应。

1.2 文献综述

1.2.1 对外直接投资(ODI)与技术进步效应

自 MacDougall(1960)第一次明确提出 FDI 的技术外溢效应以来,国内外学者对其展开了大量的理论与实证分析,取得了一系列有价值的研究成果。然而,实践证明,资本流动不仅会为接受投资的东道国带来技术外溢效应,对投资母国同样也具有逆向技术溢出效应。直到 20 世纪 90 年代初期,对外直接投资的逆向技术溢出现象才受到经济学界的关注,因此迄今为止的成果并不很多,与层次多样、富有深度的 FDI 外溢效应研究相比,显得微不足道。最先系统考察这一论题的是 Kogut & Chang(1991),他们在《技术能力和日本在美国的直接投资》一文中指出,日本企业在美国的直接投资大量集中在研发密集型产业,并倾向于采用合资的形式投资,从而提出了技术逆向外溢的猜想。后来 Chang(2005)的进一步研究发现,日本电子制造企业是在有步骤地进入美国市场,其主要动机是为了发展技术能力。随后 Teece(1992)、Neven & Siotis(1993,1996)、Siotis(1999)、Head et al(1999)、Branstetter(2000)、Fosfuri et al(2001)、Pottelsberghe & Lichtenberg(2001)、Braconier & Ekholm(2002)、Driffield & James(2003)等的研究认为 ODI 具有逆向技术溢出效应,技术落后公司可以通过 ODI 获取东道国特有技术,实现技术升级。

Pottelsberghe & Lichtenberg(2001)以 1971—1990 年间美国、日本和德国等 13 个国家为样本,对进口贸易、外商直接投资与对外直接投资三种途径带来的国外 R&D 外溢效应进行分析发现,进口和对外直接投资都是国际技术溢出的重要渠道,而外商直接投资却没有对东道国的技术进步产生推动作用。Braconier & Ekholm(2002)利用企业和产业层面的数据分析瑞典对外直接投资和引进外商直接投资是否是国际 R&D 溢出的渠道,结果证实:无论是引进外商直接投资还是对外直接投资都没有对瑞典跨国公司生产效率产生影响,即引进外商直接投资和对外直接投资并不是国外 R&D 外溢的渠道;唯一影响这些公司劳动生产率变量的是它们自己的研发支出和资本—劳动比率。Driffield & James(2003)认为,对外直接投资可能不是由“所有权优势"驱动的,而是为了获取东道国的先进技术。他们运用 R&D 密度和劳动力单位成本两个指标,首次对技术获取型外商直接投资和技术利用型外商直接投资进行区分,结论显示不同动机驱动的外商直接投资会产生不同的效应,其中技术获取型对外直接投资会对英国全要素生产率产生不利影响;另外,他们还发现这种逆向溢出效应局限于研发密集度高的行业,且逆向技术溢出效应受到产业空间集聚的影响,产业的空间集聚程度高,这种效应就更为明显。同样是利用企业层面的数据,Branstetter(2000)放弃使用 TFP 指标,采用专利数据分析日本与美国公司之间通过资本跨国流动带来的技术溢出效应。计量分析证实了双向外溢效应的存在,即日本投资到美国不仅对美国本土企业存在知识外溢,而且美国公司对日本的投资企业同样存在知识外溢现象。进一步的,Branstetter 将分支机构的特征纳入分析框架,发现分支机构的类型影响外溢效应,日本的研发类和产品开发类子公司从美国得到的知识外溢更为明显,而绿地投资这种方式更容易使得日本公司的知识外溢到美国本土公司。

尽管已有研究主要是针对发达国家对外直接投资的逆向技术外溢效应,但这种逆向技术溢出并非发达国家的专利,越来越多的学者开始关注发展中国家如何通过对外直接投资获取逆向技术外溢。如 Kumar(1998)对亚洲新兴工业化国家和地区以及 Vahter & Masso(2007)对爱沙尼亚海外投资的研究等。近年来,随着中国对外直接投资的不断增长,国内学者也开始对其逆向技术溢出效应进行尝试性探索,但相对 FDI 的大量研究仍显不足。代表性的研究有冼国明(1998)、马亚明和张岩贵(2003)、茹玉骢(2004)、姜萌萌和庞宁(2006)、赵伟等(2006)、刘凯敏和朱钟棣(2007)、邹玉娟和陈漓高(2008)、尹华和朱绿乐(2008)、王英和刘思峰(2008)、林青和陈湛匀(2008)、白洁(2009)、欧阳艳艳(2010)、赵伟和江东(2010)、陈菲琼和傅秀美(2010)、刘伟全(2010)、何一鸣和张洪燕(2011)、沙文兵(2012)、仇怡和吴建军(2012a、2012b)、朱彤和崔昊(2012)、吴建军(2013)等。马亚明和张岩贵(2003)对 Motta(1996)模型加以扩展,从技术扩散的角度阐明技术落后的厂商进行对外直接投资可能是为了在地理上靠近先进厂商以分享技术溢出的好处,而不是为了利用已有的优势。技术扩散的存在使得通过对外直接投资来寻求技术成为可能,一些发展中国家的公司以合资的形式到发达国家进行直接投资,其主要目的之一就是最大化公司之间的技术和知识溢出,以最大可能地寻求和利用发达国家企业的先进技术。姜萌萌和庞宁(2006)在双缺口模型的基础上提出技术缺口概念,进而提出发展中国家弥补技术缺口不能只靠外资,而应积极地发展对外直接投资,认为技术缺口是发展中国家跨国直接投资的动因之一,而且中国对外直接投资获取逆向技术溢出具有其独特的传递机理。

赵伟等(2006)分析了对外直接投资促进母国技术进步的机理,并进行了初步的经验性检验,证实了对外直接投资流量与全要素生产率变化之间存在正相关性的关系,并且归纳出中国对外直接投资逆向技术溢出具有"R&D 费用分摊机制""研发成果反馈机制""逆向技术转移机制"和"外围研发剥离机制"等四个机制。邹玉娟和陈漓高(2008)利用 VAR 模型对中国对外直接投资增长率和全要素生产率增长率的关系做了初步的实证研究,结果发现,二者之间有一定的同步关系,但由于现阶段中国对外直接投资规模较小、力度较弱,对外直接投资增长率对全要素生产率增长率的作用并不是十分明显。林青和陈湛匀(2008)以 10 个主要国家对美国的外商直接投资为横截单元,以不同国家 1990—1999 年的专利引用频率构成一套面板数据建立对外直接投资反向溢出效应模型,研究结果表明,投资国对外直接投资对于获取知识技术的反向流动影响显著为正。尹华和朱绿乐(2008)认为,企业主要通过模仿跟随效应、联系效应、人员流动效应以及平台效应四个途径获得反向技术外溢。陈菲琼和虞旭丹(2009)则得出了四种主要的反馈途径,即海外研发反馈机制、收益反馈机制、子公司本土化反馈机制和对外投资的公共效应。周春应(2009)利用中国 1991—2007 年对外直接投资的相关数据研究发现,中国对外直接投资存在显著的逆向技术外溢效应。陈菲琼和傅秀美(2010)研究发现,自主创新主体较多的是进行 ODI 的区域,较少的则是不进行 ODI 的区域,即通过 ODI 进行外向型学习有助于更多主体达到自主创新所需的知识阈值。刘伟全(2010)运用 1987—2008 年中国对外直接投资的数据研究 ODI 对国内技术创新的研发投入和产出水平的影响,发现中国目前的 ODI 对国内技术创新活动有正面影响,但效果并不显著;进出口贸易对国内技术创新的影响显著。沙文兵(2012)利用中国省际面板数据,研究了对外直接投资的逆向技术溢出效应对国内创新能力的影响。结果表明,中国对外直接投资通过其逆向技术溢出效应对以专利授权数量为表征的国内创新能力产生了显著的正面效应;同时,对外直接投资的逆向技术溢出对国内创新能力的影响呈现出显著的地区差异，东部地区的逆向溢出效应最大，中部地区次之，而西部地区则没有。仇怡和吴建军(2012)选取中国对外直接投资比较集中且技术水平比较发达的九个国家(地区)，利用中国和九国(地区)对外直接投资与技术创新投入产出数据，实证分析了中国直接投资到这些国家(地区)所产生的逆向技术外溢程度。研究表明，中国通过对外直接投资渠道获得的国外研发资本存量能给母国带来正的技术外溢效应；只是由于中国对外直接投资相对吸引外资而言发展缓慢，因而其技术外溢效应相对较低。

与 FDI 一样，关于 ODI 逆向技术外溢效应的实证检验也未得到一致的结论。Pontus et al(2005)认为对外直接投资可能存在“挤出效应”，即通过减少国内投资，从而影响国内技术进步。Gwanghoon Lee(2006)的研究表明对外直接投资的技术逆向外溢效应不明显。杜群阳和朱勤(2007)认为，海外 R&D 投资在一定程度上有助于本土企业创新能力的提升，而外资企业过高的市场占有率会对本土企业创新形成“挤出效应”。王英和刘思峰(2008)借鉴国际 R&D 溢出回归分析的框架，测算了中国 1985—2005 年通过外国直接投资、对外直接投资、出口贸易和进口贸易四种渠道溢出的外国研发资本存量对全要素生产率的影响。研究结果表明，对外直接投资渠道的国际研发溢出并没有对中国的技术进步起到促进作用。白洁(2009)采用国际 R&D 溢出回归方法研究发现，中国对外直接投资产生的逆向技术溢出能够对全要素生产率产生积极影响，但是在统计上不显著。

1.2.2 ODI 的技术外溢效果与母国技术吸收能力

从上述文献可以看出，学者们得出的实证结论不尽相同。部分原因可能是由于他们研究方法的差异，得到正溢出效应的一般是采用行业横截面数据，得到负效应或溢出效应不显著结论的一般是采用企业层面的面板数据。但是，导致实证结果迥异可能还有更重要的原因，即一国通过技术外溢渠道获取外在先进技术会受到诸多因素的影响。目前，学者们对“国际投资的溢出效应不可能完全自动发生”已经达成了共识。随着对国际技术溢出效应研究的不断深化，他们开始考虑影响技术溢出效应的相关因素。R&D 溢出理论指出，技术学习方的接受能力是影响学习效应的重要因素。已有研究也充分表明，一国能否通过国际投资的技术溢出促进本国技术进步，关键在于本国的技术吸收能力。

与技术先进方的控制意愿一样,由于种种原因,知识学习方也并不总是对任何形式的先进技术都会加以吸收,其中知识差异过大就是一个重要影响因素。Kokko(1996)认为,当本地企业与外资企业的技术差距较小时,学习效应随着差距的增加而增强,而当差距扩大到某一水平以至于当地厂商无法在现有的经验、技术知识基础上对国外先进技术加以吸收时,学习效果将与技术差距的变化背道而驰;Borensztein & Blǎmstrom(1998)将这一转折点称为“发展门槛”。Wolfgang Becker & Juergen Peters(2000)利用德国制造业的数据,对产业技术机会、吸收转化能力和企业的创新投入与产出之间的关系进行了研究,发现吸收转化能力对技术机会与创新产出和创新投入之间的关系具有调节效应。Perez (1997)通过运用演化经济学的方法研究认为,技术差距在某一临界值以下时,由于国内企业的技术水平太低,很可能无法吸收跨国公司所带来的新技术,由此可能会导致技术外溢效应无法发生,也就是说存在着经济发展门槛。

一国的研发与人力资本状况是影响本国技术进步的重要因素,国外学者在讨论技术外溢效应的同时,也会对一国的研发水平、人力资本及其吸收能力进行相关分析。国内企业研发投入的增加能直接提高本国企业对引进技术的消化与吸收能力,这也是 Cohen & Levinthal(1989)强调的研发投入的“双重效应”。他们指出,知识产品的生产具有很强的自我累积性和路径依赖特点,因为任何新知识都是在已有知识的基础上开发出来的,较大的现存知识存量意味着具有较强的研发能力去开发出更多的新知识。而且 R&D 投入对一国技术进步往往具有双重效应:研发不仅直接带来了新技术成果,更重要的是增强了一国对外来技术的模仿、学习和吸收能力。Head 等(1999)运用日本制造企业在美国投资的数据,利用回归分析方法检验投资区位分布与产业集聚关联度的关系,结果表明日本企业投资在美国集聚关联度越高的区域,对日本技术进步的促进作用就越大。Eaton & Kortum (1996)采用国际专利的引用数据研究发现,国际技术向国内扩散的程度随着一国人力资本水平的增加而增加,富国能够从美国设在该国的跨国公司受益而穷国却不能,这可能与穷国的人力资本水平没有达到一个临界值有关。研究表明,一国的经济规模、合作研究能力和它总的发明产出高度相关,一国获取发明源泉的能力取决于它的人力资本水平、贸易关系和距离发明源泉地的远近程度。Olfsdotter(1998)认为基础设施状况、经济开放度、人口增长率、政府政策乃至行政效率这些因素对母国 ODI 逆向技术溢出效应的吸收能力起着重要作用。Kinoshita(2000)将东道国研发的作用分为两部分:一是研发的创新作用;二是研发的学习效应,即东道国国内研发的增加将提高国内企业对 FDI 技术的吸收效果,他对捷克制造业的研究表明国内研发的学习、增进吸收能力的作用要远远大于其创新能力。Redding & Reenen(2000)分析了本国 R&D 对来自于国外技术扩散促进作用的重要性,他们采用 12 个 OECD 国家 1974—1990 年的产业数据研究了生产率增长的决定因素,发现在低生产率工业国家中,如果有重要的 R&D 投入,则它们赶超的速度就明显加快。Keller(2001)、Guellec et al(2001)、赵伟等(2006)、汪琦(2007)也分析了本国 R&D 对获得国外技术外溢的重要性。

作为知识产品的关键载体,人力资本存量是决定一国企业能否有效进行技术模仿和吸收的重要变量(Borensztein et al,1998;Xu,2000)。Lucas(1988)的两部门增长模型表明,人力资本生产是技术进步的一个替代变量,人力资本积累极大地促进了经济增长。根据这一思想,一些学者从人力资本的角度来考察东道国吸收能力的大小。Benhabib & Spiegel(1994)在研究人力资本在经济增长中的作用时,采用 Cobb - Douglas 生产函数所推导的简化公式,用实体资本和人力资本作为解释变量,研究发现人力资本通过两种机制影响经济增长率:直接影响国内的技术创新与影响向国外学习的能力。一个国家的人力资本决定了其吸收跨国公司技术转移的能力,且在发展中国家尤为明显。对于发展中国家来说,如果不具备充足的人力资本,对跨国公司先进技术的接受和应用就会受到限制。Evenson & Westphal(1995)认为,东道国采用新技术需要隐性知识,而这种隐性知识有可能是东道国所不具备的,就往往能成为技术外溢的门槛,使得技术外溢渠道不通畅。Redding(1996)发现,人力资本和技术进步都具有很强的外部性且互补,但由于人力资本和技术进步的投资诱因相互独立,因而可能存在多重均衡。一国的经济均衡状态可以是一个“高技术、高人力资本”的状态,也可以是一个“低技术、低人力资本”的状态。Keller(1996)以 Dixit - Stiglitz(1977)模型为基础,考察了东亚国家的经济增长率高于南美洲国家的事实,尽管两地都同样实施了以外向型政策来促进本国技术进步的政策,研究发现,东道国人力资本积累和技术转型相匹配时,东道国的增长效应才能产生,人力资本积累的差距导致了两个地区技术吸收效果以及最终经济增长率的不同。

Meijl & Tongeren(1998)认为东道国在使用国外技术时主要受到了两方面的约束:第一,吸收能力问题,目标地区只有具备一定的人力资本水平、研究能力和自身的创新能力等,才能够吸收技术扩散来源地区的已有技术和知识,反之,如果一个国家的吸收能力过低,则会限制该地区对技术来源国的技术学习、模仿与吸收;第二,与当前农业生产特征和国家结构的相似性有关。Borensztein、Gregorio & Lee(1998)衡量 FDI 技术外溢的分析表明,人力资本存量与 FDI 技术外溢正相关,东道国人力资本如果低于临界值,则难以消化吸收 FDI 技术外溢。因此,只有东道国的人力资本达到最低限度的要求,才会产生明显的正向技术外溢效应。Acemoglu & Zilibotti(1999)指出,发达国家向发展中国家传递的技术都是人力资本偏向型技术,而发展中国家的人力资本水平往往与这些技术不相匹配,由于不同发展中国家的人力资本水平不一样,从而导致应用这些技术的能力存在差异,这就造成了发达国家与发展中国家之间和不同发展中国家之间生产率的巨大差异,进而形成了经济增长的巨大差异。Xu(2000)运用面板数据回归模型,以全要素生产率(TFP)作为解释变量,以成年男性接受中学以上的教育年限指代人力资本,考察了 20 个发达国家和 20 个欠发达国家的 FDI 吸收情况。研究发现,由于欠发达国家没有充足的人力资本来吸收跨国公司的技术转移,因此发达国家技术转移的效果比欠发达国家更为明显。人力资本的门槛水平(Threshold Effect)较好地解释了为什么相对富裕的国家能够从美国等发达国家的跨国公司中获益,而贫穷国家却无法获得相应的利益。

Caselli & Coleman(2001)用计算机设备的进口作为衡量国际技术转移的指标,分析了 1970—1990 年 OECD 国家之间计算机技术转移的决定因素。结果发现,计算机技术的应用和东道国的人力资本水平强相关。文章细化了人力资本指标,按照劳动力受教育程度划分为初级、中级和高级教育三个比例指标,其结果表明仅有劳动力达到中级教育的人力资本变量的回归系数通过了显著性检验。Narula(2004)指出,东道国吸收能力的一个重要组成部分是人力资本水平。此外,国内学者如薄文广等(2005)、赖明勇等(2005)、仇怡等(2006)、王永齐(2006)、许和连等(2007)、吴建军等(2007)、符宁(2007)、陈钰芬等(2008)等的研究也都证实了人力资本在国际技术溢出过程中起着相当重要的作用。不过,尽管以上研究都证实了东道国人力资本存量对本国技术进步的重要作用,但对东道国人力资本代理变量以及存量的准确度量却有待进一步研究。由于在实证研究中大都只是作数量上的分析,而对教育的质量等指标却无法量化,从而会影响对一国人力资本存量的判断(仇怡,2008)。

此外,研发投入与技术模仿往往要求投入一定的固定研发成本与技术使用费用,国内金融市场的运作效率将决定本国企业能否有效、便捷地为其技术模仿活动进行融资(Alfaro et al,2004;Hermes & Lensink,2003;王永齐,2006;吴建军等,2007;孙伍琴,2008)。包群(2007)认为,国内企业研发能力、人力资本水平都是影响技术吸收的重要变量,但金融发展的作用还不明显。李平(2005)、蒋殿春等(2008)、张海洋(2008)认为,国内制度的改进有助于FDI技术溢出的发挥,相对完善的国内制度环境已成为FDI发挥积极作用的前提条件。同时,一些学者还从行业特征(陈涛涛等,2008)、市场竞争(谢建国,2007)、产业关联(李杏,2007)、产权保护(陈国宏,2008;倪海青,2009)、地区经济结构(张宇,2007)、当地经济水平(李梅等,2009)等角度对技术吸收能力进行了分析。

1.2.3 简要述评

综观上述文献可以发现,大多数研究都表明国际资本的双向流动能促进一国的技术进步,但笔者认为仍有一些问题需要进一步深入探讨。

首先,目前国内外学者大都偏重研究国际贸易与FDI的技术外溢,对以ODI为传递渠道的技术溢出研究较少。而已有关于ODI技术溢出的研究大多集中于理论综述或某个问题的分析,还存在很多值得深入探讨的方面,如ODI与技术外溢、技术创新理论分析框架的构建,ODI促进投资母国技术创新的机理与影响因素等。

其次,已有大多数研究仅讨论了ODI的逆向技术外溢效应,而没有考虑如何最终有效提高母国的自主创新能力。现实中,本国的自主创新水平才是一国技术进步的关键。更为重要的是,已有文献针对发达国家进行的研究较多,而对技术普遍落后的广大发展中国家关注较少。因此,研究如何通过国际投资提高发展中国家的技术自主创新能力,显得尤为重要。

最后,由于单纯研究技术溢出效应对于促进一国技术进步可能缺少借鉴性,因此很多文献对影响一国技术吸收能力的部分因素展开讨论,其中人力资本存量和国内 R&D 水平成为被分析最多的影响因素。本书认为,影响广大发展中国家技术进步的因素远不止这些,在进行对外直接投资的过程中,尤其需要从母国与东道国的双重视角对影响因素进行分析。因此,客观考察影响母国自主创新的相关因素,可以使我们的结论更加准确,更具现实指导意义。

为此,本书将在综合已有文献经验与不足的基础上开展研究,试图拓展对外直接投资促进母国技术进步的已有分析框架,探索发展中国家对外直接投资与国内技术进步和自主创新的作用机理,为增强中国引进、消化、吸收再创新能力提供新的思路。

1.3 研究思路与内容

1.3.1 研究思路

围绕对外直接投资、技术外溢与自主创新的内在关系这一核心问题,本书旨在研究以下几个主要方面的问题:近年来中国对外直接投资与技术创新活动表现出怎样的演变轨迹与发展特征,二者之间有无联系;对外直接投资、技术外溢以及自主创新的相互关系是怎样的;对外直接投资产生逆向技术外溢效应的内在机理如何;对外直接投资带来的逆向技术外溢效应是正、负或不存在;母国通过对外直接投资的技术外溢如何促进本国的技术进步;对外直接投资与中国的技术创新有何联系;如果对外直接投资能带来正的技术进步效应,那么它是否能在母国顺利实现;母国及东道国的哪些因素会影响这种技术进步效应的产生;如果存在上述问题,那么政府与企业应该采取怎样的策略来促进这种技术进步效应的发挥。基于此,本书严格按照提出问题、理论分析、实证检验、政策建议的研究思路,对中国对外直接投资、技术外溢与国内技术进步的关系展开研究。

1.3.2 研究内容

本书共分为七个部分,包括六个章节和结论部分,各章具体内容安排如下:

第1章:绪论。本部分首先说明了本书的选题背景与研究意义。其次界定了对外直接投资与技术进步的相关概念,并对国内外关于对外直接投资与技术进步相关理论与实证研究的文献作了较为系统的归纳、整理与评述,梳理了国际直接投资理论的发展历程以及有关对外直接投资技术外溢效应实证研究的方法与结论。文献综述部分为本书的深入研究提供了理论支持,是形成本书研究思路和研究切入点的主要依据。最后介绍了本书的研究思路和结构安排,以及本书的创新之处。

第2章:技术外溢、技术创新与对外直接投资的理论分析框架。对外直接投资作为开放经济条件下技术外溢的重要渠道,有必要对其相关理论做深入研究。本章首先简要回顾国际投资理论中有关对外直接投资理论的发展过程,重点讨论投资理论中对技术因素的研究;然后分析对外直接投资逆向技术溢出效应产生的内在机理与传导机制;第三节研究基于对外直接投资与母国技术创新的理论联系;最后考察影响对外直接投资技术进步效应的相关因素。由于本章的理论分析是本书以后各章研究的基础,本章力图给出一个关于技术进步与对外直接投资的基本分析框架,以便为后面的实证研究提供理论基石。

第3章:中国对外直接投资发展及其逆向技术外溢效应。正如已有文献中关于国际贸易、外商直接投资(FDI)正的技术外溢效应研究所指出的,对外直接投资也应该产生技术外溢效应,只是相对于东道国吸引FDI而言,这种效应我们称为逆向效应。本章在第2章理论分析的基础上,首先从投资规模、投资形式、投资行业、投资主体、投资区域五个方面考察改革开放以来中国对外直接投资的发展状况;然后运用中国的相关时间序列数据,实证检验中国对外直接投资的逆向技术外溢效应;最后考虑到逆向技术外溢的来源地差异,本书对中国直接投资到主要经济体的逆向技术外溢效应进行国际比较。

第4章:中国技术创新现状与对外直接投资的技术创新效应。中国是世界上最大的发展中国家,技术创新水平也呈现出较大的发展速度。如何通过对外直接投资吸收、模仿和改进当地先进技术并反馈回母国,对于加速国内自主创新进程具有重要意义。因此,本章和第3章的结论对于评价中国已有的对外直接投资政策以及未来政策的制定具有一定的参考价值。本章首先分析了中国近年来技术创新活动投入产出的发展过程及其与G-7国家的情况比较;然后构建了对外直接投资促进中国技术创新的理论模型并对其进行实证检验;最后分析了对外直接投资对中国区域创新能力的影响。

第5章:中国对外直接投资技术进步效应的影响因素分析。现实经济中日益扩大的"南北差距"表明,并不是只要对外开放就能获得国际技术外溢,提高本国技术水平。一国要分享国际先进知识,还要受很多因素的制约,已有相当多的研究已经证明,通过各种渠道获得外来技术而没有能力将其消化、吸收和改进,就无法实现真正的自主创新。为此,本章把关于对外直接投资技术进步效应的主要影响因素归类于东道国和母国,分别探讨了母国的技术吸收能力、实际有效汇率和金融发展水平,东道国的技术创新能力、经济发展水平和对外开放程度等因素对中国技术进步效应的影响。

第6章:中国 ODI 逆向技术溢出的母国区域吸收能力分析与评价。国际资本流动所带来的技术溢出是促进一国技术进步的重要方式,而母国企业如何更好地吸收对外直接投资逆向技术溢出效应也成了学术界讨论的重点。本章从母国吸收能力的视角,在总结已有关于对外直接投资逆向技术溢出吸收能力影响因素研究的基础上,构建母国吸收能力综合评价模型,运用中国省际面板数据测度各区域吸收能力大小,并进一步分区域实证检验了 ODI 逆向技术溢出吸收能力对中国区域技术进步作用的影响程度。

第7章:政策建议。本章在以上理论分析框架和实证研究结果的基础上,就对外直接投资如何促进母国技术进步提出一些相关的政策建议。如提升对外直接投资层次与水平,丰富"走出去"战略内涵,因地制宜实行投资导向政策,鼓励技术寻求型对外直接投资;积极推动科学技术跨越式发展,壮大国内科技发展实力,增强研发督促和激励机制,加强核心与关键技术研发;加大母国教育与研发投入,提高人力资本存量,提升模仿吸收与自主创新能力。

第8章:结论与展望。本章首先对本书的主要研究结论进行了总结,然后在此基础上,对存在的不足和未来的研究方向提出一些看法。

1.3.3 特色与创新之处

本书主要考察对外直接投资促进母国技术进步的内在机理,为此,在研究过程中,拟将定性分析与定量分析有机结合,以定量分析为主;将规范分析与实证分析有机结合,以实证分析为主。可能的创新点主要表现在以下几个方面：

第一，从研究视角来看，尽管有很多学者已从各种技术外溢渠道研究了技术外溢效应，如FDI、进口贸易、出口贸易、人口迁徙等与技术进步的关系，但是关于对外直接投资的逆向技术外溢与技术创新效应，仍有待进一步深入考察，这也是本书选题的主要原因之一。由此，本书首先以内生经济增长理论、技术进步理论、国际投资理论等作为理论基础来讨论对外直接投资与技术进步的理论联系，明晰对外直接投资与中国技术进步之间的内在逻辑联系。本书的理论演绎，是在一个集技术创新、技术外溢、对外投资与经济增长等多因素于一体的理论框架下综合、提炼，并着重探索符合中国实际情况的新经济变量和指标，以进行相关的理论总结。其次，关于国际资本的技术外溢效应，已有文献更多关注发达国家基于吸引外商直接投资的技术外溢效应，而对广大发展中国家对外直接投资的逆向技术外溢问题考虑甚少，对基于对外直接投资技术创新效应的研究则更少。为此，本书以中国为研究对象，分析对外直接投资的逆向技术外溢与技术创新效应，希望为中国开展对外直接投资活动以及促进本国技术进步提供一定的参考价值。

第二，从研究内容来看，本书首次从东道国和母国的双重视角分析了对外直接投资技术进步效应的影响因素。众所周知，对外直接投资带来的技术进步效应会受到多种因素的影响，但与以往研究不同的是，本书没有继续已有研究分析影响因素的思路，而是分别从母国和投资国两个角度提炼主要的影响因子，同时通过对这些影响因子与ODI的交互项进行实证分析来考察它们的影响程度。一方面，基于母国的视角研究母国的影响因素，如对其GDP、研发资本、人力资本、对外投资存量、实际有效汇率等影响因子进行测度评估；另一方面，基于东道国的视角分析东道国的影响因子，如GDP、专利授权量、人力资本等，以综合考察和评价影响中国技术吸收能力或创新能力的相关因素。研究发现，中国逐年下降的实际有效汇率与不断发展的金融水平对ODI的技术进步效应起到了一定的促进作用，而中国较低的研发活动投入、财政教育投入以及人力资本水平影响了中国的技术吸收能力，没有有效促进中国对外直接投资的技术进步效应；东道国的研发资本存量是影响中国对外直接投资技术进步效应的首要因素。此外，本书改进了已有研究通过单个变量对吸收能力进行测度的方法，通过建立评价体系，从获取能力、同化能力和利用能力所涉及的21个变量系统地分析中国各区域的吸收能力以及影响吸收能力的因素，并比较了中国 ODI 逆向技术溢出的区域吸收能力及其对地区技术进步作用的影响程度。

第三，从研究方法来看，通过先理论建模后实证检验，既有横向比较又有纵向考察相结合的研究方法，以增强研究结论的科学性。首先，本书在广泛深入地收集相关数据的基础上，运用大量的数据、资料和图表来描述有关经济变量及其之间的关系，并运用相关统计与计量软件实证检验了技术进步与对外直接投资之间的关系及其作用机理。其次，本书的研究建立在横向比较与纵向考察的基础上。一方面，采取中国对主要经济体直接投资的经济数据，对各国基于对外直接投资的逆向技术外溢状况进行详细的国际比较与实证检验；另一方面，对中国改革开放以来对外直接投资的发展状况以及技术创新活动的投入产出现状进行纵向考察。研究结果表明，中国通过对外直接投资获得了正的技术进步效应，且到发达国家和地区进行对外直接投资对母国的技术进步具有显著的促进作用。

2 技术外溢、技术创新与对外直接投资的理论分析框架

随着改革开放进程的不断深入，作为“金砖国家”之一的中国，不仅对全球经济的发展起着越来越重要的推动作用，而且也深受各国乃至世界经济的多方影响。在国际竞争日趋激烈的知识经济时代，技术进步和自主创新成为一个国家经济稳定发展的重要发动机。经济的全球化推动了知识和技术在国际的传播，各国可以通过各种国际技术外溢渠道来分享世界先进技术，节约研发支出和时间，从而增强本国的创新能力，提高技术水平和经济增长率。随着新增长理论的不断发展，技术进步越来越受到经济学界和各国政府的广泛关注。正如开放经济条件下的内生增长模型所描述的那样，知识的跨国际流动对一国经济增长存在重要影响，发展中国家的技术模仿像发达国家的技术创新一样，对本国和世界的经济增长具有重要意义。一直以来，国内外关于国际技术外溢效应的研究大多关注吸引外商直接投资和国际贸易这两个重要渠道，而较少研究基于对外直接投资的技术进步效应。本章首先分别从发达国家和发展中国家的视角，简要回顾国际直接投资理论的发展过程，重点讨论国际投资理论中关于技术寻求型对外直接投资的相关研究；在此基础上分析对外直接投资的逆向技术溢出效应、技术创新效应，并构建理论模型；最后从东道国和投资国的角度，对影响对外直接投资技术进步效应的相关因素进行理论探讨。

2.1 对外直接投资理论的简要回顾

尽管经济学家们对国际直接投资的兴趣可以追溯至很早以前，不过，试图运用现代经济分析方法解释国际直接投资的动因及演变的努力，则始于

20世纪60年代。二战后,发达国家对外直接投资获得空前发展,从而引起了国际经济理论界的广泛关注,特别是西方学者纷纷对其进行研究和探索,形成了各具特色的对外直接投资理论。基于本书是对中国对外直接投资问题的研究,因此,这里将从发达国家和发展中国家的视角,对60年代以来发展起来的国际直接投资理论作一个简要的综述。由于涉及对外直接投资的理论较多,本书只对主流理论作简要回顾。

2.1.1 发达国家的对外直接投资理论

众所周知,由于对外直接投资起源于发达国家,大量的西方学者已经对跨国公司对外直接投资的动机、决定因素、行为方式和投资条件等方面进行了详细的研究。目前国外对发达国家对外直接投资的研究已经形成了比较完善的理论体系(逄增辉,2004)。发达国家的对外直接投资理论主要包括:海默的垄断优势理论、巴克莱等的内部化理论、弗农的产品生命周期理论、邓宁的国际生产综合理论,以及小岛清的边际产业扩张理论等。

2.1.1.1 垄断优势理论

垄断优势理论是一种以不完全竞争为前提,依据企业特定垄断优势解释对外直接投资的理论,是基于产业组织理论的分析。1960年,美国学者海默(Hymer,1960)在其博士论文《国内企业的国际经营:关于对外直接投资的研究》中首次提出以垄断优势来解释跨国公司的对外直接投资。后经其导师金德尔伯格(Kindleberger)以及约翰逊(Johnson)等的补充,发展成为研究国际直接投资最早、最具影响力的理论。该理论以市场不完全性和企业的特定优势两个基本概念为前提,指出市场不完全性是企业获得垄断优势的根源,垄断优势是企业开展对外直接投资的动因,从而标志着国际直接投资理论研究的开端。该理论的核心论点建立在对传统资本国际流动理论的否定上。海默认为,要解释战后美国跨国公司的对外直接投资,必须从不完全竞争的前提出发进行研究。这里的不完全竞争主要指由规模经济、产品特异、技术垄断等引起的非完全竞争的市场结构,寡占是不完全竞争的主要形式。正是垄断优势构成了美国企业对外直接投资的决定因素。企业之所以选择对外直接投资来利用其垄断优势,一是为了绕过东道国贸易关税壁垒,维持和扩大市场;二是为了技术资产的全部收益。正如金德尔伯格所说:

“凡是通过许可证方式不能获得技术优势全部租金的地方,就会采取直接投资。”垄断优势理论认为,企业拥有的垄断优势是其对外直接投资的决定因素,而不完全竞争市场的存在,则使企业拥有和保持着这种优势。

垄断优势理论提出了研究对外直接投资的新思路,突破了国际资本流动导致对外直接投资的传统贸易理论框架,突出了知识资产和技术优势在形成跨国公司中的重要作用。垄断优势论从理论上开创了以国际直接投资为对象的新研究领域,较好地解释了第二次世界大战后一段时期美国大规模对外直接投资的行为,对后来的理论研究产生了重大影响。但该理论也存在一些缺陷,主要表现在:第一,不能很好解释对外直接投资流向的产业分布或地理分布;第二,它以美国为研究对象,对发展中国家企业的对外直接投资缺乏指导意义;第三,从社会福利和人类公平交易、平均分配收入的原则来讲,该理论所强调的“垄断”是不合理的,因为垄断只对社会某一部分人带来好处,不一定对整个社会有益。这些缺陷导致一些经济学家从另外的角度来探讨国际直接投资问题。

2.1.1.2 内部化理论

“内部化”这一概念是由美国学者科斯(Coase)首先提出来的。英国里丁大学学者巴克莱、卡森(Buckley & Casson)和加拿大学者拉格曼(Rugman)将其应用到国际直接投资领域,形成了市场内部化理论。该理论以市场不完全为假设,将交易成本学说在国际直接投资领域进一步发挥。其基本论点是:对外直接投资是企业在国外活动的一种特殊形式,企业所寻求的是内部化所能带来的利益;由于信息市场不完全,存在高额的谈判与交易成本、供给不稳定、需要保护产权以及缺乏远期市场等市场缺陷,企业需要通过对外直接投资将外部交易内部化,从而克服市场缺陷。内部化理论认为,内部化是外部市场不完全或者说是市场失败引起的,内部化主要是通过在国外建立分公司或子公司来实现的,结果导致了跨国公司的形成,因此实现内部化成为对外直接投资的动机。内部化理论强调知识等中间产品市场的不完全性,指出中间产品尤其是知识产品市场是不完全的,它与最终产品市场的不完全同样重要。正是由于对这些市场的干预过多导致其部分失效或垄断势力的存在,使得跨国公司的交易成本增加。另外,由于知识产品的前期研发等投入巨大,为取得其全部租金收入,最佳途径就是人为造成一个企业内部市场。当企业的内部市场跨越了国界,就形成了跨国公司。可见,内部化理论在解释跨国公司形成原因的同时，也解释了对外直接投资。

内部化理论是西方学者跨国公司理论研究的一个重要转折，是国际投资理论研究进程中的一个重要进步。以前的理论主要研究发达国家（主要是美国）企业海外投资的动机与决定因素，而内部化理论则研究各国（主要是发达国家）企业之间的产品交换形式与企业国际分工与生产的组织形式，认为跨国公司正是企业国际分工的组织形式。与其他理论相比，内部化理论研究各国企业之间的产品交换形式、企业国际分工与生产的组织形式，分析了跨国公司的性质与起源，能够解释大部分的国际直接投资的动机和跨国公司的许多经营现象，因此被视为跨国公司长期性的一般理论。但该理论也存在一些不足，如它探讨的是中间产品市场，而不是最终产品市场；探讨的是市场上扩大 FDI 的动机，而不是如何利用外部市场；依然没能充分说明企业为什么一定要到国外去投资生产，也不能解释国际直接投资的地理位置。

2.1.1.3 产品生命周期理论

20 世纪 60 年代中期，美国哈佛大学教授弗农（Raymond Vernon）从产品生命周期的不同阶段来阐述跨国公司的对外直接投资活动，解释国际直接投资的动机、时机与区位选择。该理论将产品的生命周期大致划分为三个不同阶段，即产品创新阶段、成熟阶段和标准化阶段，跨国公司的对外直接投资是公司在产品生命周期运动中，因生产条件、竞争条件等区位因素发生变动后做出的对外直接投资决策。该理论较好地把美国的经济结构、美国企业的产品创新取向以及美国跨国公司海外生产的动机和选址三者联系起来，从而不仅说明了美国跨国公司从事直接投资的特点，也解释了它们先向西欧再向发展中国家投资的模式。

产品生命周期理论从产品技术的角度回答了企业为什么要到国外去投资和为什么能到国外去直接投资，也回答了到什么地方投资的问题。但也存在着局限性，主要反映在：①它既没有很好地解释发达国家之间的双向直接投资，也不能解释发展中国家的对外直接投资；②该理论主要涉及最终产品市场，而无法解释那些以国外自然资源为目标以及目的不在于出口替代的 FDI（如资源开发型投资和技术开发型投资），因为这些类型的 FDI 与产品的生命周期无关；③认为母国垄断优势的丧失导致对外直接投资，实际上，许多跨国公司在保有垄断优势的同时，还进行着大量的对外直接投资；④比较适用于解释初次进行的跨国投资,对于已经建立国际生产和销售体系的投资行为解释乏力。

2.1.1.4 国际生产综合理论

20 世纪 70 年代中后期,英国里丁大学教授邓宁(Dunning)首先提出国际生产综合理论,1981 年,他出版了名为《国际生产与多国企业》的论文集,对其折中理论进行了系统的整理和阐述。邓宁认为,自 20 世纪 60 年代以来,国际生产理论可以分为产业组织理论、厂商理论和金融理论三大类,但它们对国际生产的解释都不够全面。邓宁在吸收上述三种理论主要观点的基础上,结合区位理论,形成了国际生产综合理论。该理论认为,一个企业从事对外直接投资主要由三个基本因素决定,即资产所有权特定优势、企业内部化激励优势和区位特定优势(Ownership - Internalization - Location,简称 OIL)。所有权优势即企业拥有优于其他国家企业的优势,它可以是企业拥有的高科技优势,规模经济优势,组织管理优势,R&D 优势,资金筹措能力,销售、金融和技术诀窍,多样化经营以及对原材料和产品市场的垄断,等等。邓宁在此更为强调的是知识资产这类无形资产的优势,企业拥有所有权优势的大小直接决定了其从事国际直接投资的能力。内部化优势即企业将其优势内部化后的收益将超过把这些优势出售或出租给外国当地公司的得利,企业将其拥有优势内部化主要是为了降低交易成本和经营风险,并保持企业在技术创新方面的垄断领先地位。区位优势即企业在东道国结合当地要素投入来利用其拥有优势将获得更大的收益,它是决定对外投资的充分条件。企业只有同时具备了这三种优势,才有可能进行跨国经营。邓宁认为,区位优势不仅决定着企业从事国际生产的倾向,也决定着企业国际直接投资的部门结构和国际生产类型。

国际生产综合理论吸收了过去 20 多年中出现的各种直接投资理论的优点,为国际经济活动提供了一种综合分析的方法。该理论并非是对以往国际直接投资理论的简单总结归纳,而是从跨国公司国际生产这个高度,讨论所有权优势、内部化优势和区位优势三组变量对国际直接投资的作用。这三组变量的不同组合决定了企业从事出口、特许权转让还是对外直接投资,这有助于解释国际企业营销活动的三种主要方式,即出口、技术转让和直接投资。但是综合理论也无法解释部分国家在尚未同时具备三种优势的情况下对外直接投资的现象,没有涉及社会经济关系和战后国际政治经济环境的重大变化。

2.1.1.5　边际产业扩张理论

20世纪70年代中后期，日本一桥大学小岛清（Kojima）教授根据日本国情，在其代表作《对外直接投资》一书中系统地阐述了他的对外直接投资理论——边际产业扩张理论，又称比较优势理论。这是一种利用国际分工的比较优势原理分析和解释日本对外直接投资的理论模型，学界称为"小岛清模式"。该理论认为，对外直接投资应该从本国已经处于或即将处于比较劣势的产业，即边际产业依次进行。这也正是日本与美国对外直接投资方式的不同之处。小岛清认为，国际直接投资不能仅仅依靠从微观经济因素出发的跨国公司垄断优势，还要考虑从宏观经济因素出发的国际分工原则。美国从事对外直接投资的企业主要集中在具有比较优势的制造业，它们大量的对外投资导致美国出口减少，贸易逆差增加，是一种"逆贸易导向"的投资。相反，日本进行对外直接投资的制造业，除资源开发型以外，在本国已基本丧失了比较优势，而它们却在成本较低的东道国仍然具有比较优势。因此，日本的对外直接投资由于符合比较成本与比较利润率相对应的原则，直接投资的结果是扩大了双方比较成本的差距，因此日本的对外直接投资与贸易是互补的，属于"顺贸易导向型"的投资。其结果不仅可以使国内的产业结构更加合理、促进本国对外贸易的发展，而且还有利于东道国产业的调整、促进东道国劳动密集型行业的发展，对双方都有利。该理论认为对外直接投资与国际贸易是互补而非替代关系，要使对外直接投资促进对外贸易的发展，对外直接投资就应从本国已经处于或即将处于比较劣势的产业依次进行。

边际产业扩张理论以日本为研究对象，填补了以往FDI理论体系中的一个空白，对广大发展中国家开展对外直接投资具有一定的借鉴意义。小岛清从宏观经济的角度，将贸易区分为顺贸易导向型（或贸易创造型）和逆贸易导向型（或贸易替代型），与前人的直接投资理论有较大的不同，对英、美学者产生了很大的影响。该理论解释了20世纪六七十年代日本对外直接投资以资源导向型、劳动力成本导向型和市场导向型直接投资占主导的特点，也说明了在亚洲出现的以日本—"四小龙"—东盟—中国—越南等为顺序的直接投资与产业结构调整，即所谓的"雁行模式"。其缺陷在于，一是该理论的分析仅限于特定历史条件下的日本寻找最适合自己国情的国际分工途径,因而难以具有普遍的长期意义;二是它只能解释经济发达国家与发展中国家之间的以垂直分工为基础的投资,而难以解释经济发达国家之间的以水平分工为基础的投资;三是低估了发展中国家接受高新技术的能力,对发展中国家不具有指导意义,按照该理论,发展中国家只能接受发达国家的边际产业,永远追赶不上发达国家;四是该理论以投资国为主体而不是以跨国公司为主体,实际上假定了所有跨国公司都有相同的动机并且也是投资国的动机,难以解释复杂的国际环境下的对外直接投资行为。

2.1.2 发展中国家的对外直接投资理论

上述国际直接投资理论基本上是以发达国家的跨国公司为研究对象展开分析。然而,随着世界经济一体化程度的不断深入,许多发展中国家和地区也开始进行对外直接投资并逐渐成为国际分工的重要组成部分。现实中,与发达国家相比,大多数发展中国家的跨国公司并不具备上述诸多理论中提到的对外投资优势,上述理论对发展中国家发生的对外直接投资活动无法做出解释,新形势下的对外直接投资需要有新的理论来加以解释,因此,众多学者开始对发展中国家的对外直接投资活动展开研究。

2.1.2.1 小规模技术优势理论

美国经济学家威尔斯(Wells)在其1977年发表的《发展中国家企业》一文中提出小规模技术理论,1983年他在其专著《第三世界跨国公司》中,对小规模技术理论进行了更详细的论述。该理论最大的特点就是摒弃了那种只能依赖垄断的技术优势打入国际市场的传统观点,将发展中国家的对外直接投资竞争优势的产生与这些国家自身的市场特征有机结合起来,从而为经济落后国家的对外直接投资提供了理论依据。威尔斯认为,由于低收入国家市场容量有限,大规模生产技术无法在此获得规模收益,而许多发展中国家企业正是开发了劳动密集型的、生产灵活的、适合小批量生产的技术而获得了竞争优势,并得以在低价位销售。他认为发展中国家企业对外直接投资的动机主要有:①保护出口市场。他对亚洲、南美洲多个国家的调查研究表明,由于重重的关税、配额等贸易壁垒,出口不是长久的国际经营方式,因而转为对外直接投资以保护他们的大多数市场。②寻求低成本。一些发展中国家和地区的企业也在寻求工资比本国水平更低的劳动力,以对付其他各国的出口竞争,还有一些投资投在第三国,目的是节约运输成本。③血缘纽带,这主要表现在一些华人企业和印度人企业中。④分散风险。一些发展中国家政治不稳定,造成了国内企业的资本外流。其他动机还包括东道国政府和评估机构的倡议、企业培训管理人员甚至为亲戚寻找职业等。

小规模技术优势理论被认为是发展中国家跨国公司研究中的早期代表性成果。该理论把发展中国家跨国公司竞争优势的产生与这些国家自身的市场特征结合起来,对于分析经济落后国家企业在国际化初期阶段如何在国际竞争中争得一席之地颇有启发意义。不过,从本质上看,小规模技术优势理论又是一种技术被动论:第一,该理论显然继承了产品生命周期理论,认为发展中国家所生产的产品主要是使用"降级技术"生产在西方国家早已成熟的产品;第二,该理论很难解释一些发展中国家的高新技术企业的对外直接投资行为,也无法解释当今发展中国家对发达国家的直接投资日趋增长的现象;第三,它将发展中国家跨国公司的竞争优势仅仅局限于小规模生产技术的使用,可能会导致这些国家在国际生产体系中的位置永远处于边缘地带和产品生命周期的最后阶段。

2.1.2.2 技术地方化理论

英国经济学家拉奥(Lall)在1983年出版了《新跨国公司:第三世界企业的发展》一书,提出用"技术地方化理论"来解释发展中国家的对外直接投资。拉奥探讨了发展中国家跨国企业的比较优势,认为发展中国家跨国公司的技术特征尽管表现为规模小、使用标准化技术和劳动密集型技术,但这种技术的形成却包含着企业内在的创新活动。他认为导致发展中国家能够形成和发展自己的独特优势,主要基于以下四个因素:①发展中国家技术知识的当地化是在不同于发达国家的环境下进行的,这种新的环境往往与一国的要素价格及其质量相联系;②发展中国家通过对进口的技术和产品进行某些改造,使它们的产品能更好地满足当地或邻国市场的需求,这种创新活动必然形成竞争优势;③发展中国家企业竞争优势不仅来自于其生产过程和产品与当地的供给条件和需求条件紧密结合,而且来自创新活动中所产生的技术在小规模生产条件下具有更高的经济效益;④从产品特征看,发展中国家企业往往能开发出与品牌产品不同的消费品,特别是当东道国市场较大,消费者的品位和购买能力有很大差别时,来自发展中国家的产品仍有一定的竞争力。

技术地方化理论分析了发展中国家企业的国际竞争优势，而且更强调形成竞争优势所特有的企业创新活动，这对于分析发展中国家的跨国公司具有一定的意义。该理论认为，企业的技术吸收过程是一种不可逆转的创新活动，这种创新往往受当地的生产供给、需求条件和企业特有的学习活动的直接影响。与威尔斯相比，拉奥更强调企业技术引进的再生过程，即欠发达国家对外国技术的改进、消化和吸收不是一种被动的模仿和复制，而是技术的改进和创新，正是这种创新活动给企业带来了新的竞争优势。

2.1.2.3 技术积累理论

技术积累理论是由英国学者坎特维尔和托兰惕诺（Cantwell & Tolentino）于1987年提出的。该理论主要从技术积累的角度出发，解释20世纪80年代以来发展中国家对发达国家的直接投资加速增长的现象。他们分析了发展中国家对外投资的阶段性动态演进过程，强调前期的FDI的经验获得、局部技术的变动和技术积累对后期FDI的重要作用，从而使得FDI具有阶段化特点。该理论认为，从历史上看，技术积累对一国经济发展具有促进作用，技术创新仍然是一国产业和企业发展的根本动力。与发达国家不同，发展中国家企业在技术创新中并没有很强的研发能力，主要是利用特有的学习经验和组织能力，掌握和开发现有的技术。他们认为，发展中国家对外直接投资的产业分布和地理分布是随着时间的推移而变化的，并且可以预测在地域分布上受“心理距离”的影响，对外直接投资遵循周边国家→发展中国家→发达国家的渐进轨道。

该理论解释了20世纪80年代以来发展中国家，尤其是新兴工业化国家和地区对外投资的结构由发展中国家向发达国家、由传统产业向高技术产业流动的轨迹，对于发展中国家通过对外投资来加强技术创新与积累，进而提升产业结构和加强国际竞争力具有普遍的指导意义，受到了西方经济理论界的高度评价。

2.1.2.4 其他理论

除了上述三种主要理论以外，还有一些学者也提出了自己的观点。日本学者小泽辉智（Ozawa Terutomo，1992）提出了“一体化国际投资发展论”，认为从国家层面来讲，发展中国家FDI会经过四个连续的阶段：第一阶段为吸引外国投资阶段，第二阶段为输入FDI到输出FDI的转型阶段，第三阶段为从劳动力导向的FDI向技术导向、贸易支持型FDI过渡阶段，第四阶段是资本密集型输入的FDI和资本导向型输出的FDI交叉发生阶段。小泽辉智把经济发展、比较优势与对外投资作为三种相互作用的因素结合于一体，阐明当经济发展到一定阶段时，发展中国家如何通过对外直接投资来促进经济转型。他认为直接投资的发展及其模式完全遵循比较优势的动态变化，发展中国家的对外投资必须与其工业化战略相结合，最大限度地发挥现有比较优势，尽可能地激发潜在的比较优势。Cantwell & Tolentino（1999）从技术积累论出发解释发展中国家（地区）的对外投资行为，从而把对外投资动态化和阶段化。他们认为，发展中国家（地区）的技术能力提高与其国际直接投资积累增长相联系，技术能力的存在和积累是国际生产活动模式和增长的重要决定因素，在这种条件下，发展中国家（地区）的对外投资是一种以地域扩展为基础的阶段性投资。Hwang（2003）通过对韩国电子产业投资欧盟情况的研究指出，以本国龙头企业为核心的集群式投资是其在欧盟国家投资取得胜利的关键因素。Enright（2000）对中国香港金融服务业进入海外市场的研究也得出了相同的结论。Homin Chen & Tain－Jy Chen（2002）指出中国台湾的中小企业由于缺乏将资源内部化的能力，因而更热衷于利用网络资源弥补不足。

综上所述，国际直接投资理论是在二战后随着发达国家对外直接投资的不断增长产生和发展起来的，并且随着世界对外直接投资的不断变化也在逐步发展和完善。从最初的研究发达国家对外直接投资的垄断优势理论、内部化理论、产品生命周期理论等，到研究广大发展中国家国际直接投资的小规模技术理论、技术地方化理论、技术积累理论，无不体现了对外直接投资理论在现实中不断发展的过程。值得注意的是，从上述研究发展中国家对外直接投资的理论中可以发现，这些理论绝大多数都是从促进发展中国家技术进步的角度来进行研究的。如拉奥的技术地方化理论认为，落后国家对外来技术进行消化、吸收与改进，是技术的改进和创新，而不是一种被动的模仿与复制；坎特维尔和托兰惕诺的技术积累理论认为，发展中国家企业的对外直接投资理论主要是利用特有的学习经验和组织能力，以掌握和开发现有的技术，等等。可见，对于广大的发展中国家来说，除了规避贸易壁垒等目的外，引进、消化、吸收东道国先进技术以实现本国技术的自主再创新，应该成为其开展对外直接投资的最重要原因之一。

2.2 对外直接投资逆向技术溢出效应的理论分析

开放经济条件下,技术进步导致经济增长的一个重要机制源于对外开放进程中通过各种国际经济活动获得的技术溢出效应。知识的公共产品特性使任何研发的创新成果都可能以这样或那样的方式为外界所知,尤其是在竞争激烈的当今社会,竞争者总可以通过诸如逆向工程、技术模仿等渠道来获得技术溢出。在经济全球化日益加速的过程中,一国不可能也没必要完全依靠本国的力量去研究所有科学技术问题,也不可能长期占有和垄断所有技术。一国需要充分利用国际先进技术资源,通过各种渠道的技术外溢,促进本国的自主创新,从而促进经济增长。理论上,对外直接投资作为当前最主要的国际经济活动之一,它的发展不仅有利于东道国获得母国的技术外溢,同时母国也能从对外直接投资的活动中逆向获取东道国的先进技术。下面先介绍有关的技术外溢理论与模型,然后分析对外直接投资的逆向技术溢出机理。

2.2.1 技术外溢的理论研究

2.2.1.1 国际技术外溢的理论框架

新增长理论认为,知识、技术的外部效应对于内生技术进步相当重要。这里把国外研发活动通过各类国际经济活动对本国产生的外部性现象称为国际技术外溢。大量的研究已经证实,一国通过国际贸易、吸引外商直接投资(FDI)能获得国际技术外溢效应。例如,通过进口新技术、新设备和新产品来引进国外的先进技术,有利于节省本国的研发支出;通过出口贸易促进出口部门提高自身相对要素的生产率,并把其在生产上的优势扩散到其他非出口部门;通过 FDI 带来的示范效应、竞争效应、人员培训效应和链接效应等促进当地企业技术进步。那么一国的对外直接投资如何获取东道国的逆向技术溢出呢?

开放经济条件下,一国的技术进步既来源于本国的自主创新,也包含了通过各种技术外溢渠道所获得的世界各国的先进技术。世界历史发展到今天,全球经济已经形成了两大阵营,即发达国家和广大的发展中国家。而如我们所看到的那样，发达国家是全球绝大多数顶尖技术的创新基地，并且为了保持其竞争优势，其核心技术和高端技术的研发仍然集中在本国。那么，广大的发展中国家只有依靠各种国际渠道尽可能地获取其先进技术，才能进一步加速本国的技术进步。因此，对外直接投资应该成为获取国际技术外溢的重要通道之一，特别是在当前贸易保护主义日益抬头、外资由合资转独资趋势不断加强的国际环境下，对外直接投资因其独有的优势可以成为一国获取外部技术资源的捷径。

与基于国际贸易、FDI的技术外溢效应一样，对外直接投资也有其特有的传播先进技术的方式。从当前世界资本流向的动因来看，大多数发展中国家的企业选择到发达国家进行投资无不彰显了其“技术驱动”的目的，这类投资一般被称为“技术寻求型ODI”。理论上研究对外直接投资影响母国技术进步的途径主要有两条：一是基于发达国家投资到发展中国家的研究，该类研究认为发达国家的跨国公司为了降低生产成本或绕开发展中国家的贸易壁垒，把其非熟练劳动密集型的活动转向低成本的发展中国家，而把熟练劳动密集型的活动仍留在国内，这样必然会改变母国就业结构中熟练劳动力和非熟练劳动力的比例，从而促进母国的技术升级。Siotis(1999)对美国的研究以及Head & Ries(2004)对日本的研究都支持这一观点。这也是发达国家向发展中国家大量转移“夕阳”产业的根本原因。二是基于发展中国家的视角，这类分析或许更具有普遍性，它有助于解释发展中国家企业到发达国家的直接投资。该类研究认为开展对外投资的企业可以通过接触当地信息渠道以获得当地的先进技术和知识，从而产生逆向外溢，而这种逆向的技术外溢必然会对投资母国的技术升级产生积极影响(Teece,1992)。

2.2.1.2 CH模型及其扩展

已有关于国际技术外溢的相关实证分析大多源于CH模型的启发。CH模型是Coe & Helpman(1995)在其著名的论文《International R&D Spillovers》中首次提出，是分析国际贸易R&D溢出效应的一种国际R&D溢出回归方法。他们使用一个简单的模型来验证通过进口贸易的技术外溢。他们假定国内全要素生产率和国内外R&D存量相关：

$$\ln TFP_i = \alpha_i + \beta_1 \ln S_i^d + \beta_2 \ln S_i^f + \varepsilon_i \quad (2.1)$$

其中，i代表国家；α_i代表国家的特殊固定截距项；S_i^d和S_i^f分别是国内、国外的R&D存量；β_1和β_2分别是对应的国内外R&D存量的系数；ε_i是误差项。

在衡量国外研发存量时主要存在两种方法。Coe & Helpman 用如下公式构建国外 R&D 存量变量：

$$S_i^f = \sum_{j \neq i} \frac{m_{ij}}{m_i} S_j^d \tag{2.2}$$

其中，S_i^f 是国家 i 的国外 R&D 存量变量；m_{ij} 是国家 i 从国家 j 进口的商品量；m_i 是进口总量：$m_i = \sum_j m_{ij}$；S_j^d 是外国 j 的国内 R&D 存量。

Coe & Helpman(1995)使用上述的国际 R&D 溢出回归分析框架，首次验证了国际贸易的 R&D 溢出的存在。他们以 22 个发达国家 1971—1990 年的数据为样本，以式(2.2)来构建外国 R&D 存量，发现国内和国外 R&D 存量都是生产率增长的源泉，并且贸易开放度越大的国家从国际 R&D 溢出中受益越大。随后，Coe, Helpman & Hoffmaister(1997)以 22 个工业化国家和 77 个发展中国家 1971—1990 年的数据为样本研究发现，从 22 个发达国家向 77 个发展中国家的 R&D 溢出是显著的，其 R&D 溢出弹性为 0.06。

在此基础上，Pottelsberghe & Lichtenberg(2001)认为，式(2.2)中的权重只反映了 R&D 溢出的方向，而没有反映 R&D 溢出的强度。因此他们提出用研发强度(R&D/GDP)与进口商品和服务价值乘积的总和来计算外溢知识存量：

$$S_{it}^f = \sum_{j \neq i} \frac{m_{ijt}}{y_{jt}} S_{jt}^d \tag{2.3}$$

其中，m_{ijt} 是本国 i 在时期 t 从国外 j 的进口量，y_{jt} 是国家 j 的 GDP。

这两项实证研究为后继文献研究国际技术外溢提供了基本的分析框架。不论是基于国际贸易还是国际投资(特别是东道国吸引外商直接投资)的技术进步效应，已有的相关文献大部分都建立在这两个基本模型之上并对此进行了不断的扩展与丰富。本书后面关于技术外溢的测算也将建立在式(2.3)的基础上。

2.2.2 对外直接投资逆向技术外溢效应模型构建

理论上，一国进行对外直接投资的主要动机包括绕开贸易壁垒、获取本国稀缺资源、吸收当地先进技术(这也包括人力资本)，以及本国企业全球战略布局等。近年来，为获取先进技术而进行的对外直接投资即技术寻求型对外直接投资已越来越受到学术界的关注。本节主要考察中国进行对外直接投资能否获得逆向技术外溢效应,这种外溢效应是正或负,它表现出怎样的特点。从前面文献综述中可以发现,基于对外直接投资的逆向技术外溢效应在国外也是属于相对较新的研究领域,初步始于20世纪90年代。已有的研究结果大多证明了这种逆向技术溢出效应为正,因而对于广大发展中国家具有一定的借鉴意义。

参考赵伟等(2006)的研究成果,可以把对外直接投资的逆向技术进步效应的作用机理归纳为逆向转移技术、反馈研发成果、吸纳研发要素、分摊研发成本等几个方面。逆向转移技术主要是跨国公司通过并购国外掌握先进技术的企业而直接获取其现有技术专利,并购不仅可以变竞争对手为合作伙伴,最主要的是能吸收其现有的研发能力与成果,从而提高母公司的研发水平。相对于后面三种而言,这是一种较为直接的逆向技术转移。反馈研发成果主要是海外子公司在东道国进行研发后形成的新技术反馈回母国,从而对母国的技术进步产生促进作用。研究表明,海外子公司在当地研发出的新技术由于适应东道国的要素禀赋和消费者偏好,因而有助于增强母公司的产品竞争力。吸纳研发要素主要是母国通过对外直接投资吸收并利用东道国企业自身的研发要素,如聘请当地高技术研究人员、利用当地高配置的研究场所和全方位的基础设施等,从而及时了解国际先进技术的最新动态,把握世界先进技术的发展方向。分摊研发成本主要是母国通过在东道国的对外直接投资,其扩大销售市场所带来的规模经济效应不仅降低了单位产品的研发成本,让母国把节省的资源用于其他核心项目的研发,而且市场扩展所带来的丰厚回报更有助于母国开展更多的研发活动。

为此,本书下面借鉴CH模型和LP模型中关于国际技术外溢的实证研究成果,构建基于对外直接投资技术外溢效应的理论模型。传统的Cobb - Douglas生产函数的表达式为

$$\ln Y_{it} = \ln A_{it} + \alpha \ln K_{it} + \beta \ln L_{it} + \ln \xi_{it} \tag{2.4}$$

这里Y指产量,K指物质资本存量,L指劳动力,A指全要素生产率,表示技术进步。i和t代表国家与时间。A指全要素生产率,即著名的“索洛剩余”,一般作为技术进步的代理变量。通过式(2.4)可以估算出每年的全要素生产率TFP。

借鉴CH和LP模型的研究思路,可以构建一个以TFP(全要素生产率)为被解释变量,以母国(投资国)研发投入和东道国(被投资国)研发投入为

解释变量的回归方程来,分析一国 ODI 对本国全要素生产率的影响:

$$\ln TFP_t = \varphi_0 + \varphi_1 \ln S_t^d + \varphi_2 \ln S_t^f + \tau_t \tag{2.5}$$

其中,通过对外直接投资获得的技术外溢 S_t^f 用以下公式测算:

$$S_t^f = \sum_{j=1}^{n} \frac{ODI_{jt}}{Y_{jt}} S_{jt}^d \tag{2.6}$$

式(2.5)中 TFP 代表一国的技术水平;S_t^d 表示一国 t 时期国内的研发资本存量;S_t^f 表示一国 t 时期通过对外直接投资渠道获得的外国研发资本存量溢出额,溢出额越多即 S_t^f 越大,表明一国对外直接投资逆向技术溢出效应的效果越好,获得国外先进技术的可能性则越大;τ_t 为随机误差项。通过对上述模型的实证检验,我们可以得到通过对外直接投资渠道东道国的研发资本存量对母国技术进步的影响。并且通过比较可以发现,是母国 R&D 还是东道国 R&D 对母国全要素生产率的影响更大。式(2.6)中 ODI_{jt} 表示一国 t 时期流向 j 国(地区)的直接投资,Y_{jt} 表示 t 时期 j 国(地区)的 GDP,S_{jt}^d 表示 j 国(地区)t 时期的国内研发资本存量,n 为一国对外直接投资的东道国数量。

2.3 对外直接投资促进母国技术创新的机理研究

上文探讨了对外直接投资的技术溢出效应,但仅仅依靠对外直接投资获取正的逆向技术外溢不是进行对外直接投资的最终目标。这是因为即便对外直接投资能够给母国带来技术外溢,但要实现真正的技术进步,还需要母国的企业对从东道国转移来的先进技术进行进一步的消化、吸收,并在此基础上实现再创新。这才是一国进行对外直接投资促进母国技术进步的真正体现。因此,引进、消化、吸收、再创新应该是母国在对外直接投资过程中实现技术进步的必备步骤。下面先介绍有关的技术创新的量化指标,然后分析对外直接投资促进母国技术创新的机理并构建模型。

2.3.1 技术创新的量化指标

已有关于通过各种国际渠道影响一国技术进步的探讨中,大多数都只是从产出和全要素生产率的角度衡量了 FDI、国际贸易等带来的技术外溢效应,却较少关注这些外溢效应对本国自主创新的影响。特别是在关于母国对外直接投资技术进步效应研究相对较少的文献中,更难找到进一步分析对外直接投资对母国国内自主创新能力的研究资料。本书认为,一国获得各种技术外溢效应的最终目的,应该是对国外先进技术的消化、吸收后再创新,因此,有必要在分析了对外直接投资的逆向技术外溢效应后,进一步考察这种外溢效应能否真正促进母国的自主创新,从而从本质上提升母国的技术水平。

技术创新是技术进步的重要来源,一般表现为企业为了提高要素生产率,开发出新产品或提高现有产品质量,有目的地从事研发(R&D)活动。目前国际上通用的衡量技术创新的指标主要基于技术创新活动投入和产出两方面的考虑。从技术创新活动的投入来看,一般用研发(R&D)经费支出作为代理变量。从技术创新活动的产出来看,学者们采取了不同的指标,主要包括专利申请量、专利授权量、发明专利量等。显而易见,专利水平是反映一国技术创新能力的重要指标,特别是其中的发明专利更能代表技术的创新程度。

2.3.2 对外直接投资促进母国技术创新的理论模型

由于学者们对已有研究中有关技术创新的指标选择存在不同的观点,为更加全面地反映对外直接投资促进母国技术创新的实际情况,本书分别以 R&D 活动的投入和产出作为被解释变量,从投入和产出两个角度来研究对外直接投资与母国技术创新的关系。由此,建立两个模型来综合考察对外直接投资对母国的技术创新效应。借鉴国内外学者分析 FDI 促进国内技术创新的研究方法,考虑到数据的可获取性以及中国的实际情况,本书构建如下方程式:

第一,以母国(投资国)的研发资本存量为被解释变量,以其通过到样本东道国的对外直接投资和吸引外商直接投资两种渠道溢出的国外研发资本存量为解释变量,建立模型来分析比较一国对外直接投资与吸引外商直接投资对母国研发投入的影响:

$$\ln S_t^d = \omega_0 + \omega_1 \ln S_t^{f-ODI} + \omega_2 \ln S_t^{f-FDI} + \tau_t \qquad (2.7)$$

其中,S_t^d 表示实行对外直接投资的母国的研发资本存量,它代表了母国的研发投入状况,S^{f-ODI}、$\ln S^{f-FDI}$分别表示母国在 t 时期通过到样本东道国的对外直接投资和吸引外商直接投资两种渠道的外国研发资本溢出额，计算公式即式(2.6)，t 代表时间，τ_t 为随机误差项。通过实证分析，我们可以发现，东道国的研发资本存量通过对外直接投资与吸引外商直接投资各自对母国研发投入的影响程度。并且通过对计算出的回归系数进行比较，可以发现是对外直接投资还是吸引外商直接投资对母国研发投入的影响较大。

第二，以母国专利授权量为被解释变量，以其国内的研发资本存量、通过到样本东道国的对外直接投资和吸引外商直接投资两种渠道溢出的国外研发资本存量为解释变量，建立模型来分析一国对外直接投资对本国研发产出的影响。这里加入母国的研发资本存量作解释变量，主要是因为它是决定一国研发产出的最重要因素。选取专利授权量作为母国研发产出的代理变量，主要是因为相比专利申请量，专利授权量更能直观地反映一国从事技术创新活动的产出状况。由此，构建如下关系式：

$$\ln PG_t^d = \mu_0 + \mu_1 \ln S_t^{f-ODI} + \mu_2 \ln S_t^{f-FDI} + \mu_3 \ln \frac{RD_t}{GDP_t} + \sigma_t \quad (2.8)$$

其中，PG_t^d 表示实现对外直接投资的母国所拥有的专利授权量，其余同上。通过对上述方程的实证检验，可以得到通过对外直接投资和吸引外商直接投资两种渠道溢出的国外研发资本存量对母国科技产出的影响系数。同样，通过对计算出的回归系数进行比较，可以考察是对外直接投资还是吸引外商直接投资更能促进母国的研发产出。此外，考虑到发明专利是衡量一国科技产出的重要指标之一，且其科技含量高、具有国际可比性等特点，所以本书后面的检验中还可以将 PG 的数据换成发明专利 IPG 的授权数，以测度一国对外直接投资对发明专利授权量的影响程度，并对以上系数进行比较，分析一国对外直接投资对专利授权总量的影响程度大还是对发明专利授权量的影响大。

2.4 影响对外直接投资技术进步效应的因素分析

研究表明，国际技术外溢效应不可能完全自动发生，而且即使通过各种渠道带来了正的国际技术外溢，也不会必然促进一国的技术进步，这主要是因为一国的技术进步程度会受到其他因素的影响。已有大量研究发现，一国能否通过国际技术溢出促进本国技术进步，关键在于本国的技术吸收能力。现实中,一国虽然可以通过各种渠道获得了技术外溢效应,但这并不代表该国能将其完全消化与吸收,一国特别是后发国获得国际技术外溢的程度与其技术吸收能力密切相关。以往的相关研究大都集中在中国通过FDI与贸易等渠道获得技术外溢时,对影响中国技术吸收能力相关因素的分析。而本书要研究的则是中国既作为投资母国又作为技术学习国的情形。因此,这里将区别于以往单纯研究中国影响因子的做法,从东道国和母国两个视角考察影响中国对外直接投资技术进步效应的因素。

2.4.1 东道国影响技术溢出的相关因素

对外直接投资能否带来正的逆向技术溢出,与东道国的创新能力、技术水平、经济发展状况、对外开放程度等因素有着十分重要的联系,特别是发达东道国的经济与技术发展水平对于母国获得的技术外溢程度密切相关。我们认为,如果一国对外直接投资选择的东道国是那些创新能力强、研发资本与人力资本丰裕的经济发达国家,那么母国可能获得的逆向技术溢出效应就会较大,从而更好地促进本国的技术发展。由于东道国影响技术溢出的因素纷繁复杂,我们无法一一穷尽,因此,参考已有研究成果的经验与不足,本书选取以下因素进行分析。

2.4.1.1 东道国的技术创新能力

显而易见,讨论对外直接投资的逆向技术溢出,东道国的技术创新能力是前提。这是因为只有接受投资的东道国具备巨大的创新能力(如拥有高的研发产出和丰富的人力资本),才能为母国的对外直接投资提供技术源头。投资国所选择对外直接投资的东道国创新能力越强,那么它从当地可能获得的逆向技术溢出就会越多,从而越有助于国内的技术进步。不论以国际贸易还是吸引外资为研究对象,关于研发能力和人力资本水平对国际技术溢出效应的影响,国内外已有大量的文献做了详细的理论与实证分析。不过绝大多数研究都是把二者放到了影响技术吸收能力的诸多因素中。我们认为,在对外直接投资逆向技术溢出中,东道国的研发能力(尤其是研发投入)和人力资本存量同时也是影响其逆向技术溢出的重要因素,特别是研发能力,R&D活动的两面性不仅决定了它是东道国技术外溢效应发挥的重要源泉,而且也是该国技术创新的主要来源,它通过增加新的信息或创新来直接提高一国的技术水平。

同时,虽然一国技术创新活动的投入状况非常重要,但不可否认的是,我们最终衡量该国技术创新能力或水平时依旧需要看其研发产出,因此东道国能否产生正的逆向技术外溢,技术创新活动的产出十分重要,而专利授权量即是一个较为直观的指标。考虑到本书的研究主题是分析中国如何从对外直接投资中获得技术外溢,而这种逆向外溢大部分可能与东道国的技术创新投入与产出(如新技术、新产品等)密切相关。由于技术创新活动的不确定性和可能的高失败率,使得研发投入或许并不能完全反映一国的技术创新能力。因此我们认为,同时采用反映一国研发活动投入与产出的指标或许更能反映该东道国的技术创新水平。基于以上考虑,可构建如下关系式:

$$\ln TFP_{it} = C_0 + \lambda_0 \ln ODI_{it} + \sigma_t \quad (2.9)$$

$$\ln TFP_{it} = C_0 + \lambda_1 \ln(ODI_{it} \times S_{jt}^d) + \sigma_t \quad (2.10)$$

$$\ln TFP_{it} = C_0 + \lambda_2 \ln(ODI_{it} \times PG_{jt}) + \sigma_t \quad (2.11)$$

这里用 ODI_{it} 表示 t 时期母国 i 到东道国 j 国(地区)的对外直接投资。用东道国 j 国(地区)t 时期的国内研发资本存量 S_{jt}^d 、东道国 j 国(地区)t 时期在中国的专利申请授权量 PG_{jt} ,分别作为东道国技术创新活动投入与产出状况的代理变量。用二者与 ODI 的交互项表明它们通过 ODI 对母国技术进步的不同影响。需要说明的是,我们不选取专利申请受理数而选取专利申请授权数来作分析变量,是考虑到申请有可能不被授权,只有授权量才能翔实反映该国的技术创新水平。此外,由于各国的人力资本指标难以获得近期的数据,并且已经考虑了专利授权量这个创新产出指标,因此这里不考虑东道国人力资本的影响。

2.4.1.2　东道国的经济发展水平

东道国的经济发展水平既反映了东道国的经济规模,也反映了东道国的人口规模,是对东道国购买力的较好测度。目前,全球的技术密集型产业大都集聚在欧美等发达国家,这主要是因为这些国家自身强大的经济实力为该国的研发活动提供了充足的资金支持,而这恰恰是发展中国家所欠缺的。一方面,发达国家一直是当今世界先进技术的主要来源地,它们拥有巨额的国内生产总值,从而有实力在研发活动方面投入更多的资本,以维护其技术优势;另一方面,发达国家优越的工资待遇以及工作环境,吸引了全球各地特别是广大发展中国家的高端技术人才,从而为其提供了丰富的人力资本。而这二者又共同促进了发达国家的技术创新,因而形成了经济发达—技术进步的良性循环。

可见,东道国的经济发展状况不仅直接决定了其研发投入,而且影响着该国的人力资本存量,而研发和人力资本水平都是决定该国技术创新能力的重要因素。为此,可构建如下关系式:

$$\ln TFP_{it} = C_0 + \lambda_3 \ln(ODI_{it} \times PGDP_{jt}) + \sigma_t \quad (2.12)$$

这里用东道国的人均国民生产总值 $PGDP_{jt}$ 表示该国的经济发展水平,用它与 ODI 的交互项表明它通过 ODI 对母国技术进步的影响程度。

2.4.1.3 东道国的对外开放程度

东道国的对外开放程度也是影响母国获取逆向技术外溢效应的重要因素。理论上,随着东道国对外开放程度的提高,技术溢出效应的机会也会相应增加,从而母国更有可能从东道国获得技术外溢。参照目前学术界通行的做法,本书选取东道国的外贸依存度和外资依存度作为该国对外开放程度的衡量指标,并分别用各国的进出口总额占 GDP 的比重、FDI 流量总额占 GDP 的比重、对外净资产总额占 GDP 的比重作为外贸依存度(用 *FTD* 表示)和外资依存度(用 *FID* 表示)的衡量标准。由此,我们构建如下关系式来考察东道国对外开放程度的影响:

$$\ln TFP_{it} = C_0 + \lambda_4 \ln(ODI_{it} \times FTD^f_{jt}) + \sigma_t \quad (2.13)$$

$$\ln TFP_{it} = C_0 + \lambda_5 \ln(ODI_{it} \times FID^f_{jt}) + \sigma_t \quad (2.14)$$

这里分别用东道国的外贸依存度、外资依存度与 ODI 的交互项表明东道国的对外开放程度通过 ODI 对母国技术进步的影响程度。

2.4.2 投资国影响技术吸收的相关因素

大量有关技术外溢的理论与实证分析已经证明,一国必须具备一定的技术吸收能力,才能使国际技术外溢效应真正对本国的技术进步带来促进作用,特别对于广大发展中国家而言,要想与发达国家尽快缩小技术差距,提高本国消化、吸收国际先进技术的能力就显得尤为重要。而且,消化、吸收国外技术并非发展中国家的终极目标,只有在此基础上的自主再创新才能实现一国的技术进步。对于母国而言,特别是对于广大技术落后的发展中国家来说,影响其作为母国消化吸收东道国先进技术的因素也较为复杂,本书尽可能讨论那些最重要的影响因子，以便为中国和其他发展中国家制订对外投资战略提供参考。

2.4.2.1 投资国的技术吸收能力

对于广大落后的发展中国家来说，只有具备较强的研发能力和较高的人力资本水平，才有可能真正消化、吸收通过各种国际技术扩散渠道所获取的技术外溢，这一点已得到大量相关文献的研究与检验。对应东道国的技术创新能力指标，本书认为投资国或母国的技术吸收能力同等重要。已有关于国际技术外溢影响因素的相关研究（特别是在考察东道国吸收外商直接投资的过程中对外溢技术的消化吸收）中，大量的文献无一例外地都分析了研发活动与人力资本的影响机理。不容置疑，它们的确是构成一国技术吸收能力的主要驱动因素。因此，本书也要对其进行研究，这一点将有助于我们了解当前中国的技术吸收能力状况。

考虑到发展中国家普遍存在的研发投入低、人力资本水平不高的现实情况，参考已有研究成果，本书用一国的研发经费投入强度，即研究与开发经费支出占国内生产总值的比重（R&D/GDP）来衡量一国的研发能力。这是因为只有当研发经费投入强度达到一定的水平，才有可能形成内在的技术消化吸收能力，才能促进对外直接投资逆向技术溢出发挥对国内技术进步的推动效应。而关于母国人力资本对技术吸收能力的影响，我们准备从教育经费与科研人员两个角度进行考察，一方面，用国家财政教育支出及其占 GDP 的比重来衡量一国的人力资本存量；另一方面，用从事研发活动的人数作为人力资本的代理变量，这里主要指全国科技活动人员数量及其占总人口的比重，从而衡量一国不同层次人力资本存量水平。因此，为考察二者在国际技术扩散过程中的影响，我们构建如下模型：

$$\ln TFP_{it} = C_1 + \theta_0 \ln TODI_{it} + \varepsilon_t \tag{2.15}$$

$$\ln TFP_{it} = C_1 + \theta_1 \ln(TODI_{it} \times \frac{RD_{it}}{GDP_{it}}) + \varepsilon_t \tag{2.16}$$

$$\ln TFP_{it} = C_1 + \theta_2 \ln(TODI_{it} \times \frac{Edu_{it}}{GDP_{it}}) + \varepsilon_t \tag{2.17}$$

$$\ln TFP_{it} = C_1 + \theta_3 \ln(TODI_{it} \times \frac{Pst_{it}}{Pop_{it}}) + \varepsilon_t \tag{2.18}$$

这里用 $TODI_{it}$ 表示投资母国 i 各年的对外直接投资总额；Edu/GDP 表示

母国的财政教育支出占 GDP 的比重，*Pst/Pop* 表示母国的全国科技活动人员占总人口的比重，用它们与 *TODI* 的交互项表示投资国的技术吸收能力通过 *ODI* 对母国技术进步的影响程度。

2.4.2.2 投资国的实际有效汇率

由于本书是考察资本在国际的流动，因此，汇率是一个不可忽视的影响因素，它是影响投资母国进行对外直接投资的货币因素。考虑到中国近年来人民呈现缓慢升值的实际情况，本书使用实际有效汇率作为代理变量。实际有效汇率是人民币和外国一揽子货币的比价，实际汇率若下降，则意味着本币升值，外币贬值，本币在国外的购买力上升。根据资本流动的实际情况，如果人民币升值，国内的企业将会更有动力走出国门，开展对外直接投资。因此，理论上，随着人民币升值，中国的对外直接投资会随之增加，从而应该能带来更多的逆向技术外溢。因此，可建立如下关系式：

$$\ln TFP_{it} = C_1 + \theta_5 \ln(TODI_{it} \times EXR_{it}) + \sigma_t \quad (2.19)$$

这里用 *EXR* 表示投资母国的实际有效汇率，用它与 *TODI* 的交互项表示投资国的实际有效汇率通过 *ODI* 对母国技术进步的影响程度。

2.4.2.3 投资国的金融发展水平

本书的研究对象是中国基于对外直接投资的技术进步效应，因而投资母国的金融发展水平是影响其资本流出的重要因子。理论上，金融发展程度越高，就越有助于企业融资，从而其对外直接投资的资金越充足，则越有可能获得更多的逆向技术溢出。可以说，投资国的金融发展水平决定了该国企业的融资成本，从而影响着该国对外直接投资逆向技术外溢的程度。由此，可构建如下方程：

$$\ln TFP_{it} = C_1 + \theta_6 \ln(TODI_{it} \times FDL_{it}) + \sigma_t \quad (2.20)$$

这里用 *FDL* 表示投资母国的金融发展程度，用它与 *TODI* 的交互项表示投资国的金融发展水平通过 *ODI* 对母国技术进步的影响程度。

以上分别从东道国与投资国的角度分析了影响母国对外直接投资技术进步效应的主要影响因素，从理论上讨论了它们的影响机理并构建了相关的理论模型。事实上，影响母国对外直接投资技术进步效应的因素远不止这些，如一国的知识产权保护程度、政府支持力度、产业经济结构，等等，但受国外经济体相关数据无法获取的限制，本书没有对这些因素进行分析，这也是本书今后需要进一步改进和完善的地方。

3 中国对外直接投资发展及其逆向技术外溢效应

改革开放以来，资本在中国境内呈双向流动，中国企业的对外直接投资从无到有，从20世纪80年代初期不到1亿美元的小规模到2012年的5320亿美元，无不显示中国对外直接投资快速增长的发展态势。虽然与吸引外商直接投资相比而言，中国的对外直接投资仍显不足，但随着中国综合国力的增强和企业自身发展的要求，中国的对外直接投资将来一定会有更大的发展。国内外相关研究显示，开放经济条件下，通过国际贸易、国际投资、人才流动、学术交流等活动，可以获得本国没有但对本国有用的知识，这既是经济全球化趋势下分享国际分工利益的重要方式，也是后发国家获取世界先进技术，通过技术外溢效应逐步缩小与发达国家之间技术差距的良好途径。因此，本章将着重考察中国对外直接投资的发展历史与趋势，并对其带来的逆向技术外溢效应作实证分析。

有关数据表明，虽然中国在对外贸易、吸引外资、对外投资这三大国际经济活动方面占有十分重要的全球地位，但是制约中国经济增长的一个重要因素就是国内技术创新程度整体不高。因而，国家提出的"提高自主创新能力，建设创新型国家"已经成为当前国家发展战略的核心，是提高中国综合国力的关键。为了实现国内技术快速进步，提升中国整体技术水平，积极、充分利用各种国际经济活动以获得国际技术外溢，我们有必要对中国日益发展的对外直接投资活动进行全面的分析与考察。根据发展中国家普遍存在的"引进—消化—吸收—再创新"的技术进步模式可以看到，要最终达到提高一国自主创新能力的目的，前面三个步骤相当重要。因此，对外直接投资能否产生逆向技术外溢是我们研究的前提，只有能真正带来正的技术外溢，才有可能继续讨论如何消化和吸收这些新技术，如何实现该国的技术自主再创新。为此,本章首先从投资规模、投资形式、投资行业、投资主体和投资区域五个方面分析中国改革开放以来对外直接投资的发展状况;其次,用相关时间序列数据考察中国对外直接投资的逆向技术外溢效应;最后,根据中国对主要经济体的直接投资实际状况,对其带来的逆向技术外溢效应进行国际比较,其中有关技术外溢的测度,主要按照目前国际通行的研究方法,即以全要素生产率(TFP)为被解释变量来考察各相关因素对它的影响。

3.1 中国对外直接投资发展状况研究

从新中国成立到改革开放的前30年间,中国基本没有资本的双向流动,既没有吸引外商直接投资,也没有企业对外直接投资。改革开放以后,中国利用外资规模不断扩大,涉及范围也越来越广,既为经济建设提供了宝贵的资本,也促进了技术水平的不断提高。然而,同始于改革开放之初的中国对外直接投资,由于企业规模相对较小、国际竞争力弱、对外直接投资动机不强等因素,中国企业对外直接投资相对吸引外商直接投资规模来说明显偏小。2000年,中国在实施“引进来”战略20年的实践基础上,实施了“走出去”的发展战略。通过20年吸引外资积累的经济技术实力,中国鼓励有实力的企业开展对外直接投资,希望通过采取对外投资、对外承包工程和对外劳务合作等多种方式以充分利用“两个市场、两种资源”,实现中国经济的可持续发展。目前中国实施的“引进来”和“走出去”相结合的对外开放战略,有利于进一步提升中国参与国际分工合作的能力,并在一定程度上分享着世界领先技术。作为实施“走出去”战略的主要形式,中国的对外直接投资从无到有,对外投资层次和水平不断提升①。

3.1.1 中国对外直接投资规模

1979年8月,尽管国务院发布文件提出要出国开办企业,但中国只有少数国有企业主要是贸易企业走出国门,开办代表处或设立企业。据联合国

① 本节中有关中国对外直接投资的数据主要来自各年国家外汇管理局网站国际收支平衡表、《中国对外直接投资统计公报》《中国统计年鉴》与商务部网站(http://www.mofcom.gov.cn/);其他国家的相关数据来源于联合国贸发会议《世界投资报告》。

贸易发展会议(UNCTAD)统计数据显示,1982—1991 年,中国年均对外直接投资流出仅为5.4 亿美元,中国企业参与的海外直接投资项目数目和金额都偏小。直到1992 年邓小平同志南方谈话后,中国对外直接投资才开始显著增长,1992 年对外直接投资由1991 年的9.13 亿美元猛增至40 亿美元,中国对外直接投资流量占世界和发展中国家的比例分别达到2.1%和17.2%,居历史最高水平。但随后中国分别于1993 年和1997 年颁布了《境外企业管理条例》和《境外贸易公司、代表处管理办法》,国家对新的对外直接投资进行严格审批,并对各部门、各地方已开办的海外企业进行重新登记,从而使对外直接投资增速放缓。1994—2000 年中国对外直接投资在世界份额中处于下降趋势,尤其是2000 年世界跨国投资达到高峰时,中国对外直接投资却下降到9.16 亿美元,以致该年中国对外直接投资在世界和发展中国家的比例分别下降到0.07%和0.69%的历史最低水平。

随着对外开放步伐的加快,特别是2001 年中国加入世界贸易组织和《国民经济和社会发展第十个五年计划纲要》提出实施"走出去"战略后,中国对外直接投资开始进入新的发展时期。考虑到数据的可获得性与中国对外直接投资的实际情况,这里选取1985—2012 年中国ODI 的相关数据进行详细分析。图3.1 列出了1985—2012 年中国对外直接投资的发展轨迹。1985—1991 年期间中国的对外直接投资流量一直徘徊在10 亿美元以下,年平均对外直接投资约7.28 亿美元。1992—2004 年虽较之以前有所增长(1992 年比上年增长了338%),但仍处于100 亿美元以下,其中只有2001 年和2004 年达到了50 亿美元以上,其余年份全部低于50 亿美元,甚至长期维持在20 亿美元左右。2005 年7 月中国实行汇率改革以后,在人民币升值的带动下,中国对外直接投资开始实现大幅增长。可以说,从2005 年开始,中国的对外直接投资开始步入迅速发展阶段。

2005 年中国对外直接投资流量为122.6 亿美元,比上年增长123%;到2009 年中国对外直接投资流量已经上升到565 亿美元,其中非金融类对外直接投资从2002 年的27 亿美元增长到2009 年的478 亿美元,特别是2008 年,尽管中国的经济和社会发展承受了历史罕见的重大挑战,但中国企业积极参与国际投资合作的步伐并未放缓。2008 年,由于人民币升值、资本市场发展、国际融资能力提高以及中国企业实力的壮大,加上国务院修订《中华人民共和国外汇管理条例》取消企业经常项目外汇收入强制结汇要求,中国

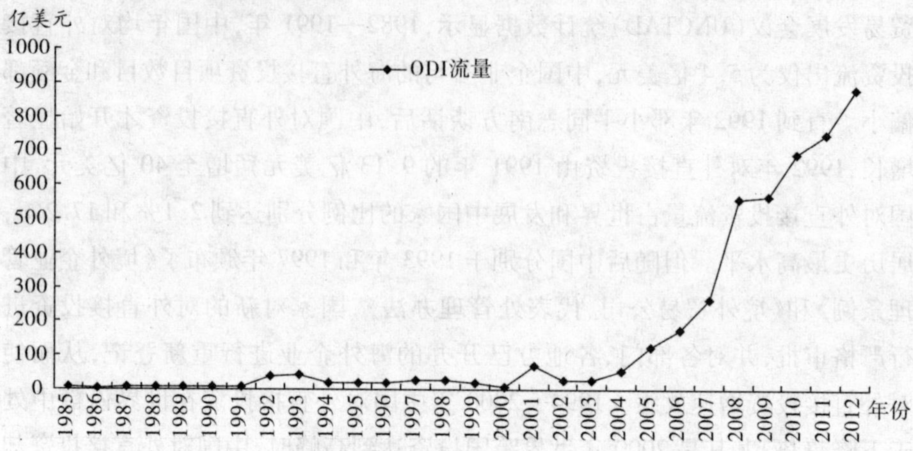

图 3.1　中国对外直接投资流量发展趋势(1985—2012 年)

资料来源:1985—2002 年中国对外直接投资数据来自国家外汇管理局网站国际收支平衡表,2003—2012 年数据来源于各年的《中国对外直接投资统计公报》。

对外直接投资首次突破 500 亿美元,较上年增长 111%,达到了 2003 年中国实际利用外资水平。2009 年,各国经济仍然饱受金融危机的持续影响,在全球外国直接投资流出流量较上年下降 43% 的全球趋势中,中国的对外直接投资却再创新高,达到了 565.3 亿美元,较上年增长 1.1%,其中非金融类对外直接投资同比增长 14.2%。截至 2009 年年底,国内 1.2 万家境内投资者已在全球 177 个国家和地区设立境外直接投资企业 1.3 万家。

2010 年世界经济整体回暖,全球外国直接投资流出流量较上年增加了 20%,中国的对外直接投资在继 2009 年历史最高位的基础上实现了 21.7% 的快速增长,达到了 688.1 亿美元的历史新高,这个数字相当于"十五"期间中国对外直接投资总额的 2.3 倍,年度流量首次超过日本(562.6 亿美元)、英国(110.2 亿美元)等传统对外投资大国。2011 年,受发达国家经济体主权债务危机、中东北非动荡等因素的影响,世界经济复苏步伐放慢,中国企业"走出去"虽然面临着日益复杂的外部环境,但对外直接投资仍然继续增长,全年投资总额为 746.5 亿美元。2012 年,尽管国际经济形势复杂多变,欧债危机不断蔓延,世界经济发展的不确定因素增加,但中国政府加快实施"走出去"战略步伐,大力推动对外投资便利化,积极鼓励有条件的各种所有制企业开展对外投资,因此,在全球外国直接投资流量较上年下降 17% 的大背景下,中国的对外直接投资却创下流量 878 亿美元的历史最高值,实现了

17.6%的较高增长，首次成为世界第三大对外投资国。

2002—2012年，中国对外直接投资流量年均增长速度为41.6%。根据联合国贸发会议（UNCTAD）《2013年世界投资报告》的数据显示，2012年全球外国直接投资流出流量1.39万亿美元，年末存量23.59万亿美元，以此为基期计算，2012年中国对外直接投资分别占全球当年流量、存量的6.3%和2.3%，比2003年的0.45%和0.48%有显著增长。2012年中国对外直接投资流量名列全球国家（地区）排名的第三位，发展中国家（地区）首位，仅次于美国和日本（见图3.2）。与居前的国家特别是美国相比，差距较大，2012年中国的对外直接投资流量仅为美国的26.7%，约为其1/4。

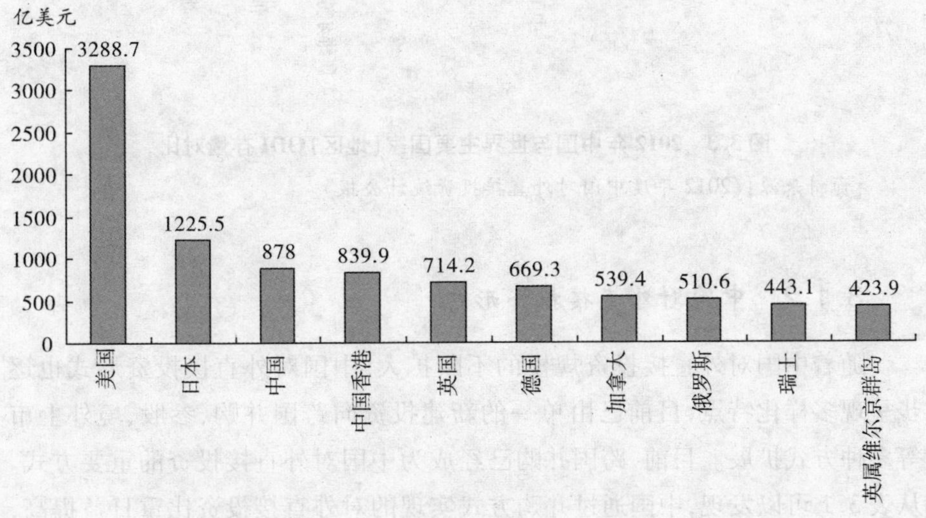

图3.2　2012年全球ODI流量前十位的国家（地区）

资料来源：《2012年度中国对外直接投资统计公报》。

不过，值得注意的是，虽然2012年中国对外直接投资流量名列全球第3位和发展中国家首位，但中国对外直接投资存量只位列全球第13位，总体规模与发达国家相比尚有很大差距。截至2012年年末，中国对外直接投资累计达5319.4亿美元，仅相当于同期日本的50.4%、德国的34.4%、法国的35.5%、英国的29.4%、美国的10.2%，仅占全年当年存量的2.3%（见图3.3）。

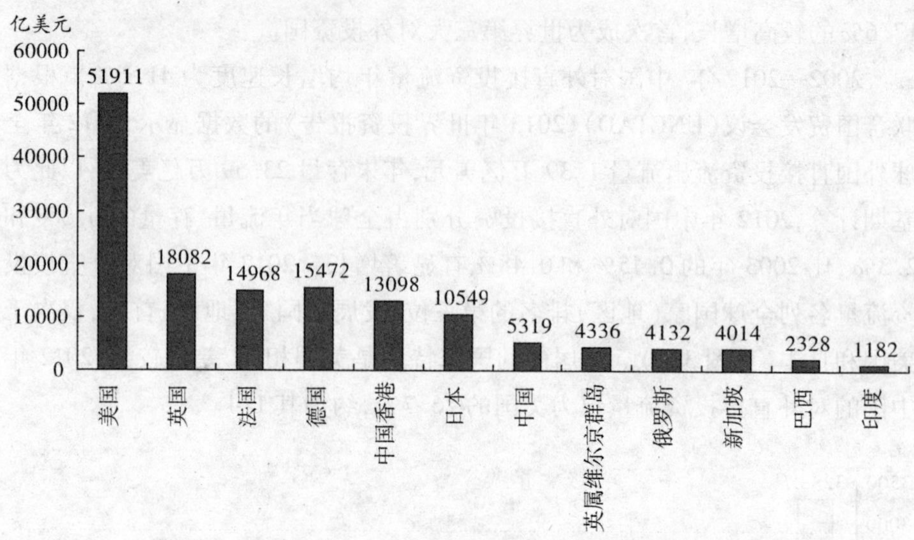

图 3.3　2012 年中国与世界主要国家(地区)ODI 存量对比

资料来源:《2012 年度中国对外直接投资统计公报》。

3.1.2　中国对外直接投资形式

随着中国对外直接投资规模的不断扩大,中国对外直接投资形式也逐步呈现多样化特点,目前已由单一的新建投资向跨国并购、参股、境外上市等多种方式扩展。目前,跨国并购已经成为中国对外直接投资的重要方式。从表 3.1 可以发现,中国通过并购方式实现的对外直接投资比重日益提高,并逐渐成为对外直接投资的主要形式。2003—2007 年,中国通过跨国并购实现对外直接投资的金额大约为 220 亿美元,占同期对外投资总额的1/3。2005 年以前,由于中国对外直接投资总量不高,所以以收购、兼并方式实现的对外直接投资也偏少。自 2005 年开始,在人民币升值的带动下,中国对外直接投资首次突破 100 亿美元大关,从而也带动了中国企业收购、兼并海外企业的热潮。2005 年完成的对外直接投资中,通过收购、兼并实现的投资达 53.79 亿美元,占当年总额的 43%。2006 年和 2007 年以并购方式实现的直接投资量稍有回落,分别占当年对外直接投资总流量的 39% 和 24%。

2008 年,通过收购、兼并实现的直接投资达历史最高点,为 302 亿美元,较上年增长 379%,占当年流量的 54%,其中金融类收购 97 亿美元,占

32.1%，非金融类收购205亿美元，占67.9%。2009年受世界经济和金融危机的持续影响，中国通过收购、兼并方式实现的对外直接投资仅占三成，较上年下降了36.4%。2010年以并购方式实现的直接投资同比增长54.7%；2011年以并购方式实现的直接投资同比下降了8.4%，且全部为非金融类投资并购；到2012年，中国企业共实施对外投资并购项目457个，通过收购、兼并实现的对外直接投资达434亿美元，两者均创历史之最，占当年对外投资总额的近一半，其中直接投资占63.6%，境外融资占36.4%。

表3.1　中国通过收购、兼并实现的对外直接投资情况

年份	通过收购、兼并实现的ODI（亿美元）	当年ODI流量（亿美元）	份额（%）
1988	0.16	8.50	1.94
1989	2.02	7.80	25.91
1990	0.60	8.30	7.27
1991	0.03	9.13	0.35
1992	5.73	40.00	14.32
1993	4.84	44.00	11.02
1994	3.07	20.00	15.35
1995	2.49	20.00	12.46
1996	4.51	21.14	21.35
1997	7.99	25.62	31.19
1998	12.76	26.34	48.45
1999	1.01	17.74	5.69
2000	4.70	9.16	51.31
2001	4.52	68.85	6.56
2002	10.46	25.18	41.54
2003	16.46	28.50	57.75
2004	11.25	54.98	20.46
2005	52.79	122.60	43.06
2006	82.50	211.60	38.99
2007	63.00	265.10	23.76
2008	302.00	559.10	54.02
2009	192.00	565.30	33.96

续表

年份	通过收购、兼并实现的 ODI（亿美元）	当年 ODI 流量（亿美元）	份额(%)
2010	297.00	688.10	43.16
2011	272.00	746.50	36.44
2012	434.00	878.00	49.43

资料来源:1985—2005 年中国对外直接投资数据来自联合国贸发会议各年发表的《世界投资报告》,2006—2012 年数据来源于各年的《中国对外直接投资统计公报》。

3.1.3 中国对外直接投资行业

从中国对外直接投资的行业分布来看,中国的对外直接投资企业已经从改革开放初期以贸易公司为主,逐步发展到涉及商务服务业、采矿业、金融业、批发和零售业、制造业、交通运输业等广泛领域。可以说,随着中国融入全球化进程的不断加速,中国对外直接投资的领域不断拓宽,对外投资层次和水平也不断提升。虽然中国对外直接投资的行业分布广泛,但各行业分布呈现不均匀态势。表 3.2 列出了中国 2003—2012 年对外直接投资的主要行业分布情况。数据显示,中国在租赁和商务服务业、采矿业、批发和零售业、金融业、制造业、建筑业、交通运输业的对外直接投资基本占到了当年对外直接投资流量的 90% 以上。而资源、电讯及石油化工等行业成为中国对外直接投资的主要领域,金融业也成为继采掘业、制造业和商务服务业之后又一对外直接投资的重要领域。一批境外研发中心、工业产业集聚区逐步建立,境外经济贸易合作区域建设取得重要进展。

表 3.2 中国对外直接投资流量主要行业分布(2003—2012 年)

单位:亿美元,%

年份	租赁和商务服务业	采矿业	批发和零售业	金融业	制造业	交通运输、仓储等
2003	2.8 (9.8)	13.8 (48.4)	3.6 (12.6)	-	6.2 (21.8)	0.86 (3)
2004	7.5 (13.6)	18.0 (32.7)	8.0 (14.5)	-	7.6 (13.8)	8.3 (15.1)

续表

年份	租赁和商务服务业	采矿业	批发和零售业	金融业	制造业	交通运输、仓储等
2005	49.4 (40.3)	16.8 (13.7)	22.6 (18.4)	–	22.8 (18.6)	5.8 (4.7)
2006	45.2 (21.4)	85.4 (40.4)	11.1 (5.2)	35.3 (16.7)	9.1 (4.3)	13.8 (6.5)
2007	56.1 (21.2)	40.6 (15.3)	66.0 (24.9)	16.7 (6.3)	23.1 (8.0)	40.7 (15.4)
2008	217.2 (38.8)	58.2 (10.4)	65.1 (11.7)	140.5 (25.1)	17.7 (3.2)	26.6 (4.8)
2009	204.7 (36.2)	133.4 (23.6)	61.4 (10.8)	87.3 (15.5)	22.4 (4.0)	20.7 (3.7)
2010	302.8 (44.0)	57.1 (8.3)	67.3 (9.8)	86.2 (12.5)	46.6 (6.8)	56.5 (8.2)
2011	256.0 (34.3)	144.4 (19.3)	103.2 (13.8)	60.7 (8.1)	70.4 (9.4)	25.6 (3.4)
2012	267.4 (30.4)	135.4 (15.4)	130.5 (14.8)	100.7 (11.5)	86.7 (9.9)	29.9 (3.4)

注:括号内数据表示该行业对外直接投资占当年总流量的比重。

资料来源:根据各年的《中国对外直接投资统计公报》相关数据整理。

2012年,中国对外直接投资流量超过10亿美元的行业大类有12个,较上年增加3个,投资额占全年总量10%以上的行业有4个:流向租赁和商务服务业的资本有267.4亿美元,占当年流量的30.4%;流向采矿业的直接投资为135.4亿美元,占比15.4%,主要是石油天然气开采业、有色金属开采业、煤炭开采和洗选业、黑色金属矿采选业等,但采矿业是唯一流量减少的行业;流向批发和零售业的直接投资为130.5亿美元,占比14.8%;流向金融业的投资首次超过百亿美元,达到100.7亿美元,同比增长65.9%,占比11.5%。此外,2012年中国对外直接投资在新兴领域也有不错的表现,流向居民服务、修理和其他服务业8.9亿美元,同比增长170.9%;流向文化、体育娱乐业2亿美元,同比增长87%;流向住宿和餐饮业1.4亿美元,同比增长16.8%。

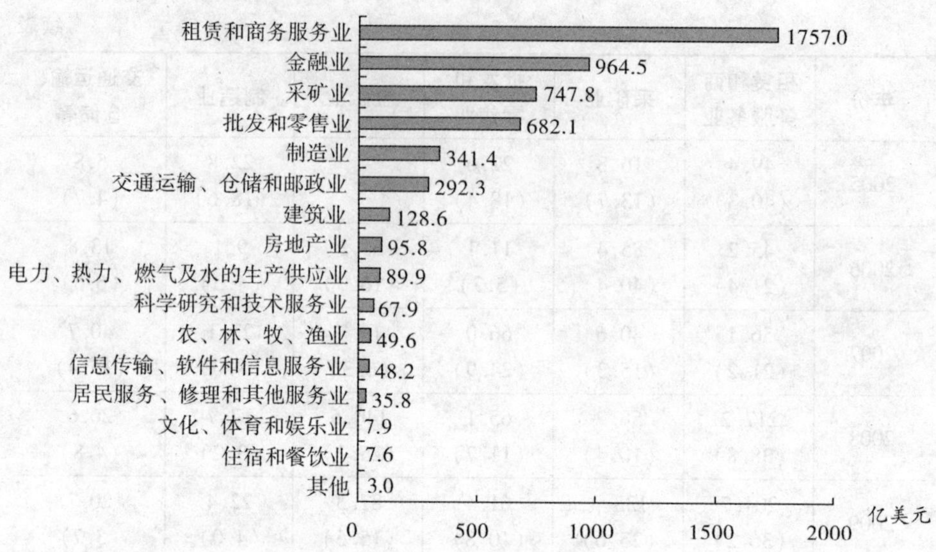

图 3.4　2012 年年末中国对外直接投资存量行业分布情况

资料来源:《2012 年度中国对外直接投资统计公报》。

同时,中国对外直接投资存量的行业分布也反映了其多元化的特征。截至 2012 年年底,中国对外直接投资已覆盖了国民经济所有行业类别,其中存量超过 100 亿美元的行业有 7 个,即租赁和商务服务业、金融业、采矿业、批发和零售业、制造业、交通运输业/仓储和邮政业、建筑业,这 7 个行业累计投资存量达 4913 亿美元,占中国对外直接投资存量总额的 92.4%。其中投资到租赁和商务服务业(主要为投资控股)的资本存量为 1757 亿美元,占比 33%,成为中国对外直接投资资本最多的行业;投资到金融业的资本存量有 964.5 亿美元,占比 18.1%;流向采矿业的资本有 747.8 亿美元,占比 14.1%;流向批发和零售业的资本有 682.1 亿美元,占比 12.8%,主要为贸易类投资(见图 3.4 和图 3.5)。

3.1.4　中国对外直接投资主体

近年来,中国企业不断参与国际竞争与合作,通过对外直接投资不断壮大企业发展实力,增强企业国际竞争力。2010 年,中国有 54 家企业进入美国《财富》杂志全球企业 500 强,刷新了历史纪录。根据《中国对外直接投资统计公报》公布的数据显示,目前国有企业和有限责任公司是中国对外直接

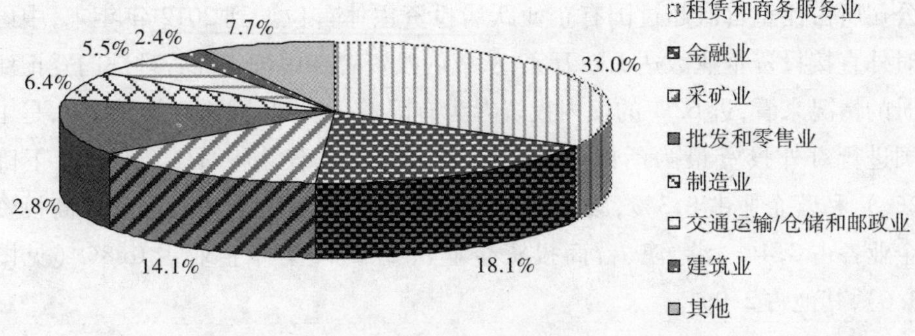

图 3.5 2012 年中国对外直接投资存量行业比重

资料来源:《2012 年度中国对外直接投资统计公报》。

投资的主体。到 2012 年年末,在非金融类对外直接投资存量中,国有企业占 59.8%,同比下降 2.9 个百分点,与 2006 年相比下降了两成(80.1%);有限责任公司占 26.2%,股份有限公司占 6.6%,股份合作企业占 2.9%,私营企业占 2.2%,外商投资企业占 1.1%,集体企业占 0.2%,港澳台投资企业占 0.3%,其他占 0.7%。由于我们无法获得以前的数据,因此表 3.3 只列出了 2007—2012 年中国企业对外直接投资流量中企业类型所占比重的变化情况。显而易见,中国对外直接投资主体已初步呈现多元化趋势,特别是国有企业所占的份额,已从 2007 年的 71% 下降到了 2012 年的 59.8%,有限责任公司所占份额正逐年上升。

表 3.3 中国非金融类 ODI 存量中境内投资者类型分布(2007—2012 年) (%)

年份	国有企业	有限责任公司	股份有限公司	股份合作企业	私营企业	外商投资企业	集体企业	港澳台商投资企业	其他
2007	71.0	20.3	5.1	1.2	1.2	0.4	0.4	0.4	–
2008	69.6	20.1	6.6	1.2	1.0	0.8	0.4	0.1	0.2
2009	69.2	22.0	5.6	1.0	1.0	0.5	0.3	0.1	0.3
2010	66.2	23.6	6.1	1.1	1.5	0.7	0.2	0.1	0.5
2011	62.7	24.9	7.6	1.6	1.7	0.9	0.2	0.2	0.2
2012	59.8	26.2	6.6	2.9	2.2	1.1	0.2	0.3	0.7

资料来源:各年的《中国对外直接投资统计公报》。

从中国对外直接投资者的构成来看,2005 年,境内投资主体中有限责任公司所占比重首次超过国有企业跃居投资主体首位。到2012年年末,中国对外直接投资企业数达1.6万家,从境内投资者在中国工商管理部门登记注册的情况来看,近63%的境内投资者为有限责任公司,同比增加2.1%,是中国进行对外投资最为活跃的群体。而国有企业仅占9.1%(较上年下降2%),私营企业占8.3%,股份有限公司占7.4%,股份合作企业和外商投资企业各占3.4%,港、澳、台商投资企业占2.2%,集体企业占0.8%(见图3.6),其他占2.9%。

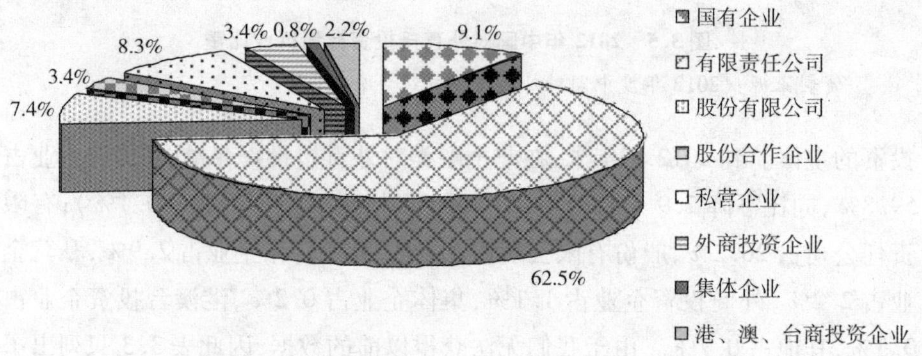

图3.6　2012年年末境内投资者按登记注册类型分类情况

资料来源:《2012年度中国对外直接投资统计公报》。

此外,在非金融类对外直接投资者中,中央企业和单位仅占2.9%,各省区市的投资者占97.1%。2012年地方非金融类对外直接投资流量达342.06亿美元,同比增长45.2%,远高于全国13.3%的增幅,占全年非金融类对外直接投资流量的比重由上年的34%扩大到44%,创下自中国对外直接投资统计制度实施以来十年连增的纪录。其中,西部地区55.26亿美元,同比增长88.4%,是增幅最大的地区;东部地区254.4亿美元,同比增长45%;中部地区32.26亿美元,同比增长5.1%。2012年年末,地方非金融类对外直接投资存量首破千亿美元,各省市区对外直接投资存量合计达到1240.6亿美元,占全国非金融类存量的28.5%。其中,东部地区970.6亿美元,占78.2%;西部地区158.3亿美元,占12.8%;中部地区111.7亿美元,占9%。广东省是中国对外直接投资存量最多的省份,为251.7亿美元,占全国ODI总存量的4.7%,其次为上海、山东、浙江、江苏、北京、辽宁、湖南、海南、福建等。

3.1.5 中国对外直接投资区域

从中国历年对外直接投资各区域的存量来看，无论是投资额的流向还是境外企业的地区分布，都显示了中国对外直接投资区域日趋集中的发展状况，并且这种地区分布的不均衡状态仍在加剧。2012 年年末，中国对外直接投资存量前 20 位的国家(地区)累计达到 4750.9 亿美元，占中国对外直接投资存量的 89.3%。表 3.4 列出了中国 2003—2012 年各年年末对外直接投资存量分地区情况，从数据中可以发现，亚洲地区一直都是中国对外直接投资存量最为集中的地区，其次为拉丁美洲。2003—2012 年，亚洲聚集的中国对外直接投资存量的平均比重高达 71.6%。其次为拉美地区，其所占平均比重达到了 14.7%，而两地加总所占比重则接近 90%。只是从 2010 年开始这两个地区的投资存量所占比重开始呈下降趋势。其后排序则依次为非洲(6.4%)、欧洲(3.0%)、北美洲(2.3%)，所占比重最少的是大洋洲，仅为 2.2%(见图 3.7)。

表 3.4 中国对外直接投资存量地区分布(2003—2012 年) 单位：亿美元

年 份	2003	2004	2005	2006	2007	2008	2009	2010	2011	2012
合 计	332.2	447.7	572.0	750.2	1179.1	1839.7	2457.5	3172.1	4247.8	5319.4
亚 洲	266.0	334.8	409.5	479.8	792.2	1313.2	1855.5	2281.4	3034.3	3644.1
拉丁美洲	46.2	82.6	114.7	197.0	247.0	322.4	305.9	438.8	551.7	682.1
非 洲	4.9	9.0	15.9	25.5	44.6	78.0	93.3	130.4	162.5	217.3
欧 洲	4.8	6.7	12.7	22.7	44.6	51.3	86.7	157.1	244.5	369.8
大洋洲	4.7	5.4	6.5	9.4	18.3	38.1	64.2	86.1	120.1	151.1
北美洲	5.5	9.1	12.6	15.8	32.4	36.6	51.8	78.3	134.7	255.0

资料来源：各年的《中国对外直接投资统计公报》。

从图 3.7 各地区接受投资存量的变化趋势来看，2003—2006 年，中国在亚洲地区的对外直接投资比重呈下降趋势，从 2003 年年末的 80.07%，下降至 2006 年的 63.96%，下降了 16.11%。而中国在拉丁美洲的直接投资则为上升幅度最大的地区，从 2003 年的 13.91%，迅猛增加至 2006 年的26.26%，增加了 12.35 个百分点。在此期间，非洲、大洋洲、北美洲、欧洲等地都呈现不同程度的上升趋势。但由于 2007 年下半年引发的全球金融危机，给中国的对外直接投资区域分布带来了很大影响。从2007年开始，中国投资到亚洲地区的资本存量开始止跌回升，到2009年年末达到了75.5%，此后又进入下降阶段，2012年所占比重只有68.5%。投资到拉丁美洲的直接投资存量所占比重从2007年开始持续下降，到2012年已降到12.8%，与2006年的最高值相比，下降了13.4个百分点。

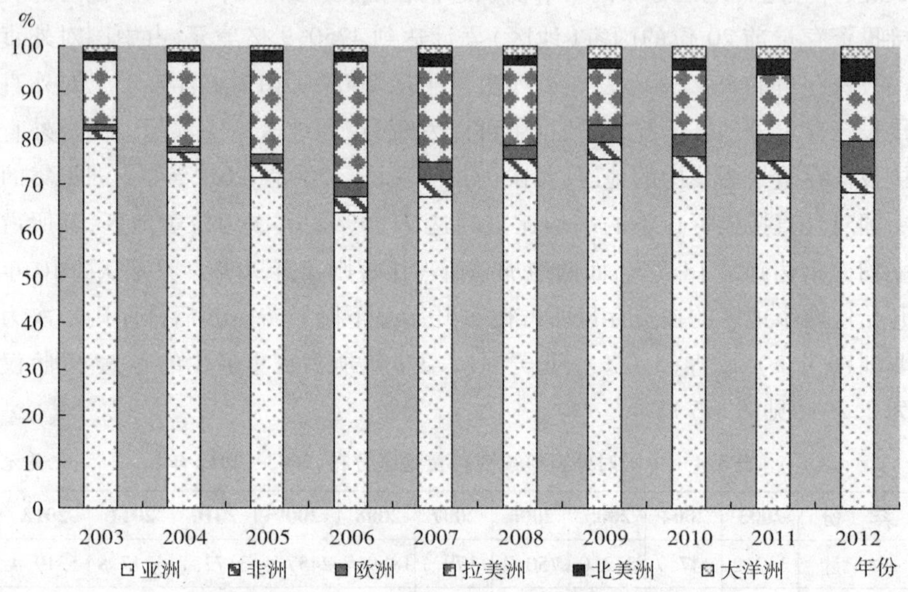

图3.7 中国对外直接投资存量各地区所占份额(2003—2012年)

资料来源：《2012年度中国对外直接投资统计公报》。

2012年年底，尽管中国的2.2万多家对外直接投资企业共分布在全球179个国家和地区，占全球国家(地区)总数的76.8%，但从中国对外直接投资高度集中于亚洲和拉丁美洲地区的数据来看，投资区域过于集中是目前中国对外直接投资发展过程中的重大问题。从境外企业的地区分布来看，亚洲是中国对外投资企业最为集中的区域，企业数量约1.2万家，占54.4%，其中香港地区的企业占总数的24.6%，是中国设立境外企业数量最集中的地区。从历年中国对外直接投资存量前十位的国家(地区)情况来看，中国香港、开曼群岛、英属维尔京群岛一直都是流量最为集中的地区。2012年的数据显示，对外直接投资存量前十位的国家和地区集中了中国对外直接投资总额的82.7%，仅中国香港、开曼群岛和英属维尔京群岛三地就集中了中国对外直接投资总额的69.1%,其中中国香港占了57.6%。而澳大利亚、新加坡、美国、俄罗斯也一直是中国对外投资流入的主要国家。最近几年来,中国对南非的投资量也呈现快速增长的趋势(见表3.5)。

表3.5 2006—2012年各年年末中国对外直接投资存量前十位的国家(地区)

排名	2006	2007	2008	2009	2010	2011	2012
1	中国香港	中国香港	中国香港	中国香港	中国香港	中国香港	中国香港
2	开曼群岛	开曼群岛	开曼群岛	英属维尔京群岛	英属维尔京群岛	英属维尔京群岛	英属维尔京群岛
3	英属维尔京群岛	英属维尔京群岛	英属维尔京群岛	开曼群岛	开曼群岛	开曼群岛	开曼群岛
4	美国	美国	澳大利亚	澳大利亚	澳大利亚	澳大利亚	美国
5	韩国	澳大利亚	新加坡	新加坡	新加坡	新加坡	澳大利亚
6	俄罗斯联邦	新加坡	南非	美国	卢森堡	美国	新加坡
7	澳大利亚	俄罗斯联邦	美国	卢森堡	美国	卢森堡	卢森堡
8	中国澳门	加拿大	俄罗斯联邦	南非	南非	南非	英国
9	苏丹	韩国	中国澳门	俄罗斯联邦	俄罗斯联邦	俄罗斯联邦	哈萨克斯坦
10	德国	巴基斯坦	哈萨克斯坦	中国澳门	加拿大	加拿大	加拿大

资料来源:各年的《中国对外直接投资统计公报》。

统计数据显示,中国对避税地(中国香港、英属维尔京群岛和开曼群岛)的直接投资流量呈现不断扩张的态势,由2003年的21.66亿美元迅速上涨到2012年的543亿美元,年均增长率高达70%以上。不过值得注意的是,2012年,中国对外直接投资流向英属维尔京群岛、开曼群岛的投资大幅下降,只有30.67亿美元,较上年下降72.5%,占流量前20个国家(地区)的比重也由上年的16.5%下降至3.9%。与此同时,中国对发达国家的对外直接投资虽呈上升趋势，但份额依旧偏少。截至 2012 年年末，中国对发达国家（地区）的直接投资存量为 731.3 亿美元，只占投资总存量的 13.7%。其中对欧盟的直接投资存量为 315.4 亿美元，占对发达国家（地区）投资的 34.6%；对澳大利亚的直接投资为 58.6 亿美元，占发达国家（地区）投资存量的 43.1%；对美国的直接投资为 170.8 亿美元，占 23.4%；对澳大利亚的直接投资为 138.7 亿美元，占 19%；对加拿大的直接投资为 50.5 亿美元，占 6.9%；对日本的直接投资为 16.1 亿美元，占 2.2%。而中国对发展中国家（地区）的投资存量达到了 4588.1 亿美元，占总量的 86.3%。

上面从投资规模、投资形式、投资行业、投资主体、投资区域等五个方面考察了中国对外直接投资的发展状况。中国对外直接投资发展迅速，但与吸引外商直接投资的规模相比，中国的对外直接投资总体上仍显滞后；投资形式呈现多样化趋势，跨国并购已成为中国对外直接投资的主要方式；投资行业分布呈多元化特征，技术寻求型的直接投资不多；国有企业和有限责任公司是对外直接投资的主体，国有企业和中央企业占的比重偏大；投资区域过于集中于亚洲以及三大免税地，到发达国家和地区的对外直接投资偏少。

3.2 中国对外直接投资逆向技术外溢的实证分析

3.2.1 基于 ODI 的逆向技术外溢模型

对基于对外直接投资逆向技术外溢效应的测度，主要综合 CH 和 LP 模型的相关研究，这已在本书 2.2 节进行了阐述。首先，对式（2.4）稍作变化以计算各年的全要素生产率：

$$\ln TFP_t = \ln Y_t - \alpha \ln K_t - \beta \ln L_t + \varepsilon_t \qquad (3.1)$$

然后利用式（2.5）以对中国对外直接投资的技术外溢效应作实证分析：

$$\ln TFP_t = \varphi_0 + \varphi_1 \ln S_t^d + \varphi_2 \ln S_t^f + \tau_t \qquad (2.5)$$

$$S_t^f = \sum_{j=1}^{n} \frac{ODI_{jt}}{Y_{jt}} S_{jt}^d \qquad (2.6)$$

其中，TFP 代表一国的技术水平 A，S_t^d 表示中国国内的 R&D 存量，S_t^f 表示中国 t 时期通过对外直接投资渠道获得的外国研发资本存量溢出额，j 和 t 代表国家与时间，τ_t 为随机误差项。通过对上述方程的实证检验，可以得到东道国 R&D 通过对外直接投资对母国全要素生产率的影响系数。并且通过对计算出的回归系数进行比较，可以发现是母国 R&D 还是东道国 R&D 对母国全要素生产率的影响更大。

考虑到开放经济条件下，一国的技术进步不仅来源于国内研发投入，而且还包括通过各种技术外溢渠道带来的国外研发资本，而且中国既是吸引外资最多的发展中国家，近年来对外直接投资也发展迅速，因此本节对式(2.5)稍作变动，将通过 ODI 渠道和 FDI 渠道溢出的外国研发资本存量，即 S_t^{f-ODI}、S_t^{f-FDI} 同时放入模型中，以便更好地考察国际资本的双向流动所带来的技术外溢效应程度。由此，有如下关系式：

$$\ln TFP_t = \varphi_0 + \varphi_1 \ln S_t^d + \varphi_2 \ln S_t^{f-FDI} + \varphi_3 \ln S_t^{f-ODI} + \tau_t \tag{3.2}$$

$$S_t^{f-ODI} = \sum_{j=1}^{n} \frac{ODI_{jt}}{Y_{jt}} S_{jt}^d \tag{3.3}$$

$$S_t^{f-FDI} = \sum_{j=1}^{n} \frac{FDI_{jt}}{Y_{jt}} S_{jt}^d \tag{3.4}$$

下面主要根据第 2 章的理论分析并运用上述模型，采用中国的相关数据对基于对外直接投资的技术外溢效应进行相关检验与实证分析。其中的数据主要摘自各年的《中国统计年鉴》《中国科技统计年鉴》《中国对外直接投资统计公报》《国际统计年鉴》《中国固定资产投资统计年鉴》以及 UNCDA 网站(http://www.uncda.org)。

3.2.2 数据选取与实证分析

3.2.2.1 对全要素生产率的估算

根据学者们讨论各种国际技术外溢效应的研究经验，本书先由传统的 Cobb - Douglas 生产函数——$Y_t = A_t K_t{}^{\alpha} L_t{}^{\beta}$ 对全要素生产率进行估算(式 3.1)。这里 Y 用国内生产总值(GDP)来反映总产出水平 Y，并且使用 GDP 平减指数将其换算成以 1985 年为基期的实际 GDP；资本(K)以各年度的资本存量表示，这里按照张军、章元(2003)的资本存量测量方法进行估算；劳动力(L)以全社会就业人数表示。其中，L 的数据可以直接从中国历年统计年鉴中获得，Y 依据 2011 年《中国统计年鉴》中的历年 GDP 指数折算为以 1985 年为基期的实际 GDP。

关于资本存量 K 的测算，本书采用 Coldsmith 于 1951 年开创的永续盘存法，通过公式 $K_t = I_t/P_t + (1-\delta_t)K_{t-1}$ 计算出 1985—2010 年各年的实际资本存量。其中，K_t 为 t 时期固定资本存量，I_t 为 t 时期固定资本形成总额，P_t 为 t 时期固定资产投资价格指数，δ_t 表示 t 时期的折旧率，K_{t-1} 表示上一期固定资本存量。由于《中国统计年鉴》上公布的全社会固定资产投资开始于 1985 年，固定资产价格投资指数开始于 1991 年，所以本书采用张军、章元(2003)的部分做法，1985 年的固定资本存量和 1985—1990 年固定资产价格投资指数直接取之结果，并折算成以 1985 年为基期的不变价格与价格指数，然后用永续盘存法补齐 1986—2010 年的固定资本存量。最后，使用 Y、K、L 的时序数据进行回归可以估计出平均资本产出份额和平均劳动力产出份额，然后根据索洛残值法计算出各年份的全要素生产率 TFP，具体结果如表 3.6 所示。

表 3.6　中国的 *Y*、*L*、*K* 和全要素生产率(1985 = 100)

年份	名义 GDP(亿元)	实际 GDP(亿元)	*L*(万人)	*K*(亿元)	*TFP*
1985	9016.04	9016.04	49873	25245.71	0.2655112
1986	10275.18	9815.28	51282	26873.40	0.2756667
1987	12058.62	10951.05	52783	28564.12	0.2934395
1988	15042.82	12184.97	54334	30349.37	0.3115653
1989	16992.32	12680.41	55329	31488.83	0.3150560
1990	18667.82	13166.50	64749	32512.75	0.3000189
1991	21781.50	14377.05	65491	33897.03	0.3183966
1992	26923.48	16424.24	66152	35972.51	0.3501983
1993	35333.92	18714.47	66808	38994.35	0.3796332
1994	48197.86	21163.62	67455	42736.04	0.4059633
1995	60793.73	23477.22	68065	46912.62	0.4255770
1996	71176.59	25828.21	68950	51516.12	0.4416019
1997	78973.03	28225.94	69820	56378.57	0.4561401
1998	84402.28	30436.72	70637	62050.14	0.4636021
1999	89677.05	32759.67	71394	67905.91	0.4720198
2000	99214.55	35517.29	72085	74279.03	0.4844438
2001	109655.17	38466.55	72797	81565.80	0.4955449
2002	120332.69	41962.66	73280	90318.38	0.5088845
2003	135822.76	46169.21	73736	101840.83	0.5217885

续表

年份	名义 GDP(亿元)	实际 GDP(亿元)	*L*(万人)	*K*(亿元)	*TFP*
2004	159878.34	50824.46	74264	116015.93	0.5320018
2005	184937.37	56573.41	74647	134107.73	0.5444360
2006	216314.43	63743.24	74978	156569.61	0.5609983
2007	265810.31	72773.30	75321	183789.51	0.5838944
2008	314045.43	79784.21	75564	215098.22	0.5849248
2009	340902.81	87134.05	75828	258264.30	0.5752653
2010	401202.03	96230.03	76105	309792.52	0.5723948

资料来源：根据各年的《中国统计年鉴》相关数据整理计算。

3.2.2.2　对国内和国外研发资本存量的测度

国内历年的研发资本存量 S_t^d 同样可以按照永续盘存法计算得到，其公式为 $S_t^d = (1-\delta)S_{t-1}^d + RD_t$，其中，$S_t^d$ 表示中国 t 时期的研发资本存量，δ 为研发资本存量的折旧率，RD_t 为中国历年的研发支出。首先，历年的 R&D 经费支出数据取自各年的《中国科技统计年鉴》，并采用历年消费者价格指数，将历年研发费用支出折算为以 1985 年为基期的不变价格；其次，对于研发资本存量折旧率 δ 的取值，国内外学者观点不一，学者们主要考虑到研发资本是一种知识资本，折旧率和固定资本的折旧率取值应该有所差别，本书按照大多数学者的看法，取值 5%①；最后，根据 Griliches(1980)提出的方法计算 1985 年(基期)的研发资本存量，公式为：$S_{1985}^d = RD_{1985}/(g+\theta)$，其中，$S_{1985}^d$ 为1985 年的研发资本存量，RD_{1985} 为 1985 年的研发经费支出，g 为 1985—2010 年每年研发投资支出对数形式增长率的平均值，本章测算结果为 3.5%，θ 为 R&D 资本存量的折旧率，这里仍然按照 CH(1995)估计的 5%，由此，可计算出中国以 1985 年为基期的研发资本存量。最后，按照永续盘存法计算之后年份的研发资本存量(见表 3.7)。

① 目前已有的大多数研究对研发资本采用了 5% 的折旧率，这和固定资本的折旧率相同，如李小平和朱钟棣(2006)，李小平、卢现祥和朱钟棣(2008)，李平(2007)，刘伟全(2010)，其中李小平和朱钟棣(2006)测算了 10% 的折旧率，发现研究结论和 5% 的折旧率基本接近。但是也有学者持不同观点，他们认为知识产品更新速度快，知识资产的专用性呈下降趋势，因而研发资本的折旧率应该高于固定资本的折旧率，如 Pakes & Schankerman(1984)、Hall & Mairesse(1995)的 25%，白洁(2009)根据中国技术的实际使用年限，取倒数可得折旧率为 7.14%。吴延兵(2008)为了验证和比较不同折旧率对 R&D 存量和 R&D 产出弹性的影响，除了设定 15% 的折旧率外，还设定了 25% 的折旧率。

表 3.7　中国 1985—2010 年各年的 R&D 支出与存量

年份	当年 R&D 支出（亿元）	汇率（100 美元）	R&D/汇率（亿美元）	实际 R&D 支出（亿美元）（1985 = 100）	R&D 存量（亿美元）
1985	56.90	293.66	19.3761	19.3761	227.7514
1986	65.30	345.28	18.9122	17.7579	234.1218
1987	74.03	372.21	19.8893	17.4049	239.8206
1988	89.50	372.21	24.0456	18.8211	246.6506
1989	112.31	376.51	29.8292	19.7865	254.1045
1990	125.43	478.32	26.2230	16.8714	258.2707
1991	159.46	532.33	29.9551	18.6388	263.9960
1992	198.03	551.46	35.9101	21.0002	271.7964
1993	248.01	576.20	43.0423	21.9451	280.1517
1994	306.26	861.87	35.5344	14.5989	280.7430
1995	348.69	835.10	41.7543	14.6492	281.3551
1996	404.48	831.42	48.6493	15.7602	283.0475
1997	509.16	828.98	61.4201	19.3554	288.2506
1998	551.12	827.91	66.5676	21.1468	294.9848
1999	678.91	827.83	82.0108	26.4226	306.6581
2000	895.66	827.84	108.1924	34.7190	326.0442
2001	1042.49	827.70	125.9502	40.1365	349.8785
2002	1287.64	827.70	155.5684	49.9747	382.3593
2003	1539.63	827.70	186.0136	59.0464	422.2877
2004	1966.33	827.68	237.5713	72.5816	473.7549
2005	2449.97	819.17	299.0799	89.7578	539.8250
2006	3003.10	797.18	376.7150	111.3863	624.2201
2007	3710.24	760.40	487.9327	137.6990	730.7081
2008	4616.02	694.51	664.6441	177.1778	871.3505
2009	5802.11	683.10	849.3793	228.0198	1055.8028
2010	7062.58	676.95	1043.2942	271.1299	1274.1425

资料来源：根据各年的《中国统计年鉴》《中国科技统计年鉴》的相关数据整理计算。

关于国外研发资本存量 S_t^f 的测度本书已经在第 2 章进行了讨论。这里根据实证分析的要求，需要对中国通过 ODI 渠道和 FDI 渠道溢出的外国研

发资本存量即 S_t^{f-ODI} 、S_t^{f-FDI} 分别计算。

第一,对基于ODI渠道的国际技术外溢的测算。根据技术外溢测度公式(3.3):$S_t^{f-ODI} = \sum_{j=1}^{n} \frac{ODI_{jt}}{Y_{jt}} S_{jt}^d$,其中,$S_t^{f-ODI}$ 表示中国 t 时期通过对外直接投资渠道获得的外国研发资本存量溢出额,ODI_{jt} 表示中国 t 时期流向 j 国(地区)的对外直接投资存量,Y_{jt} 表示 t 时期 j 国(地区)的GDP,S_{jt}^d 表示 j 国(地区)t 时期的国内研发资本存量,n 为中国对外直接投资的东道国数量。

根据中国对外直接投资的区域分布,同时结合各国研发资本存量的情况,并考虑数据的可获得性,本书选取了美国、德国、英国、加拿大、日本、韩国、新加坡、澳大利亚、中国香港等九个国家和地区作为研究对象①。由于中国从2003年开始规范对外直接投资统计制度,故2003—2010年的中国对外直接投资存量数据均取自各年的《中国对外直接投资统计公报》,2002年以前的数据用各年的《中国对外经济贸易年鉴》中批准海外直接投资的存量数据替代。各国(地区)的GDP数据来自世界银行WDI数据库。国外的R&D经费支出数据来自《中国科技统计年鉴》、OECD网站以及各国统计局网站,部分年份根据R&D占GDP的比重计算获得,个别年份无法获得的数据采用其上、下年的均值替代。各国研发资本存量计算方法与国内研发资本存量的计算方法相同,先将各国(地区)的研发支出按消费者价格指数折算为以1985年为基期的不变价格,然后按照永续盘存法计算各国的研发资本存量(见表3.8)。

表3.8 部分经济体国内研发资本存量(1985=100) 单位:亿美元

年份	美国	英国	加拿大	澳大利亚	中国香港	德国	新加坡	日本	韩国
1985	19081.01	1897.54	619.88	296.87	3.18	3071.93	2.06	7575.59	213.21
1986	19323.94	1925.67	641.28	302.65	4.03	3144.27	3.08	7693.30	223.58
1987	19526.34	1983.24	663.52	311.10	5.06	3277.77	4.35	8098.16	240.43

① 截至2012年年底,中国到以上九国(地区)的对外直接投资存量达3715亿美元,约占中国对外直接投资存量的70%,而且自2003年以来,中国到以上九个国家(地区)的对外直接投资存量也基本维持在70%以上(除2006年为52%以外)。

续表

年份	美国	英国	加拿大	澳大利亚	中国香港	德国	新加坡	日本	韩国
1988	19790.10	2042.53	691.91	324.38	6.20	3421.44	6.04	8444.06	260.15
1989	20056.95	2076.93	720.53	339.21	7.39	3551.41	8.16	8750.40	280.35
1990	20296.34	2133.18	756.12	352.79	8.60	3728.68	10.86	9096.90	302.17
1991	20563.06	2187.63	789.21	366.33	9.80	3728.57	14.24	9637.25	325.40
1992	20812.09	2206.55	816.54	379.69	11.06	3714.59	18.30	10140.73	351.02
1993	21015.67	2227.71	843.52	391.99	12.34	3683.15	23.05	10708.51	381.61
1994	21199.31	2256.89	871.09	408.28	13.63	3666.42	28.64	11359.34	422.09
1995	21435.58	2281.51	899.54	414.10	14.85	3673.82	35.17	12015.01	470.15
1996	21721.79	2318.31	925.63	421.54	16.61	3666.11	43.83	12479.91	516.18
1997	22060.51	2349.22	950.85	425.94	18.67	3638.78	51.66	12831.87	527.60
1998	22460.98	2381.77	976.14	425.72	20.48	3629.55	61.09	13304.97	546.60
1999	22982.24	2419.28	1010.03	428.04	22.45	3759.39	70.76	13900.69	569.13
2000	23504.50	2445.51	1050.14	431.52	24.59	3869.57	80.90	14347.52	591.85
2001	24015.31	2467.86	1090.80	433.07	27.16	3957.67	90.47	14651.31	617.36
2002	24461.50	2510.45	1129.66	437.47	29.98	4103.47	101.18	15053.36	650.27
2003	24930.02	2570.62	1189.85	450.23	33.34	4314.67	111.77	15580.37	685.25
2004	25396.29	2639.84	1262.70	469.70	37.06	4545.81	125.25	16125.99	738.30
2005	25912.37	2692.43	1339.71	487.59	41.36	4700.13	140.02	16558.52	796.10
2006	26449.01	2775.50	1410.70	506.82	45.86	4908.38	157.73	16999.60	870.43
2007	27038.43	2867.32	1504.49	529.23	50.29	5169.95	182.39	17510.74	953.42
2008	27651.15	2930.62	1571.11	559.70	54.15	5437.65	206.84	18081.78	1018.99
2009	28338.00	2964.74	1633.83	571.75	58.05	5680.70	224.23	18666.66	1072.34

资料来源：根据各年的《国际统计年鉴》《中国统计年鉴》《中国科技统计年鉴》、OECD 数据库、世界银行 WDI 数据库以及各国的统计年鉴相关数据整理计算所得。

第二，对基于 FDI 渠道的国际技术外溢的测算。根据技术外溢测度公式(3.4)：$S_t^{f-FDI} = \sum_{j=1}^{n} \frac{FDI_{jt}}{Y_{jt}} S_{jt}^{d}$，其中，$S_t^{f-FDI}$ 表示中国 t 时期通过吸引外商直

接投资渠道获得的外国研发资本存量溢出额，FDI_{jt} 表示中国 t 时期 j 国（地区）实际投入的直接投资额，Y_{jt} 表示 t 时期 j 国（地区）的 GDP，S_{jt}^{d} 表示 j 国（地区）t 时期的国内研发资本存量，n 为中国吸引外商直接投资的投资国数量。为保持数据来源的一致性，以确保实证结果的可信度，这里仍选取以上九个国家和地区作为研究对象。而且统计数据表明，以上九个国家和地区也分别是中国吸引外商直接投资和对外直接投资的前十位经济体（除澳大利亚外），2010 年它们实际投入外资金额占全国实际使用外资金额的 74.1%①。因此，完全可以选取这些国家作为研究中国通过吸引外资获取技术外溢的样本。此外，根据统计年鉴上的注释，中国利用外资的统计数据来源于商务部（原为对外贸易经济合作部），其中 2000 年以后利用外资统计中不含对外借款数。此外，由于韩国对中国的投资始于 1985 年，且最初几年均经由中国香港或日本间接进行，直到 1988 年韩国才开始直接向中国投资，因此 1985—1987 年的数据是我们根据趋势法得到的估计值。其他数据来源同上。

3.2.2.3　实证检验与结果

由于我们无法获得所有样本国家（地区）最新的 R&D 经费支出数据，这里实证分析的时间段选取 1985—2009 年。考虑到数据的自然对数不改变时间序列的性质和相互关系，并使其趋势线性化，消除数据中潜在的异方差现象，所以对相关变量的所有数据取自然对数，如表 3.9 所示。

表 3.9　$\ln TFP$、$\ln S^{d}$、$\ln(RD/GDP)$、$\ln S^{f-ODI}$ 和 $\ln S^{f-FDI}$

年份	$\ln TFP$	$\ln S^{d}$	$\ln(RD/GDP)$	$\ln S^{f-ODI}$	$\ln S^{f-FDI}$
1985	-1.326098173	5.428254842	-5.06546477	0.3503298	1.366447
1986	-1.288562916	5.455841435	-5.05849444	0.4783563	1.097037
1987	-1.226083801	5.47989094	-5.09306422	0.556799	0.711362
1988	-1.166146363	5.507972656	-5.12441765	0.5839814	1.017245
1989	-1.155004907	5.537745742	-5.0192538	0.5986209	1.000218

① 根据商务部的统计数据，2010 年中国实际使用外商直接投资金额 1157.32 亿美元，所选样本国家/地区实际投入外资金额分别为：中国香港（605.67 亿美元）、日本（40.83 亿美元）、新加坡（54.28 亿美元）、韩国（26.92 亿美元）、美国（30.17 亿美元）、德国（8.88 亿美元）、加拿大（6.35 亿美元）、英国（7.1 亿美元）和澳大利亚（3.25 亿美元）。

续表

年份	lnTFP	lnS^d	ln(RD/GDP)	lnS^{f-ODI}	lnS^{f-FDI}
1990	-1.203909967	5.554008289	-5.00280876	0.6273494	1.281498
1991	-1.144457517	5.575933931	-4.91702313	0.6467889	1.231539
1992	-1.049255819	5.605053161	-4.91233538	0.6815455	1.629151
1993	-0.968549804	5.635331260	-4.95912975	0.7203687	2.587801
1994	-0.901492542	5.637439636	-5.05863541	0.6994799	2.897312
1995	-0.854309322	5.639617496	-5.16105865	0.6996572	3.131076
1996	-0.817346428	5.645614858	-5.17031698	0.6755898	3.332224
1997	-0.784955171	5.663830169	-5.04409944	0.6770841	3.504922
1998	-0.768728723	5.686923847	-5.03139712	0.7474921	3.509116
1999	-0.750734407	5.725733513	-4.88348164	0.8186085	3.436577
2000	-0.724753764	5.787032908	-4.70747912	0.8399443	3.405683
2001	-0.702097348	5.857585890	-4.65572855	0.9575729	3.668878
2002	-0.675534275	5.946360692	-4.53744923	1.4698434	3.750480
2003	-0.650493035	6.045686778	-4.47980564	2.1240516	3.768524
2004	-0.631108485	6.160690176	-4.39824428	2.4046085	3.809100
2005	-0.608004838	6.291245048	-4.32394022	2.5725816	3.835527
2006	-0.578037321	6.436503048	-4.27708907	2.8158338	3.680579
2007	-0.538035152	6.594014077	-4.27168635	3.3855488	3.575404
2008	-0.536271916	6.770044319	-4.22000479	3.8251797	3.717708
2009	-0.552924020	6.962056693	-4.07337579	4.2076920	3.787549

首先对各变量进行平稳性检验，以确定其平稳性及单整阶数。对变量 lnTFP、lnS^d、lnS^{f-ODI}、lnS^{f-FDI}及其一阶差分变量进行 ADF 平稳性检验，检验结果如表 3.10 所示。从表中的结果可以发现，lnTFP、lnS^d、lnS^{f-ODI}和 lnS^{f-FDI}都是非平稳的时间序列，不能对其进行 OLS 回归。但进一步分析发现 lnTFP、lnS^{f-ODI}和 lnS^{f-FDI}都是一阶单整的时间序列，因此，可以继续对 lnTFP 和 lnS^{f-ODI}、lnS^{f-FDI}进行检验，以分析它们之间是否存在某种长期均衡关系。

表 3.10 各变量的 ADF 检验结果

变量	检验方式 (C,T,K)	ADF 值	临界值	结论	单整阶数
$\ln TFP$	(C,T,1)	-1.547172	-3.248592	不平稳	I(1)
$\Delta\ln TFP$	(C,T,1)	-4.018471	-3.632896*	平稳	
$\ln S^d$	(C,T,1)	-0.523822	-3.248592	不平稳	I(2)
$\Delta\ln S^d$	(C,T,1)	-0.692436	-3.248592	不平稳	
$\Delta\Delta\ln S^d$	(C,T,1)	-4.046276	-3.632896	平稳	
$\ln S^{f-ODI}$	(C,T,1)	-0.429355	-3.248592	不平稳	I(1)
$\Delta\ln S^{f-ODI}$	(C,T,1)	-3.896164	-3.632896*	平稳	
$\ln(RD/GDP)$	(C,0,1)	-0.487093	-2.638752	不平稳	I(1)
$\Delta\ln(RD/GDP)$	(C,0,1)	-2.683769	-2.638752**	平稳	
$\ln S^{f-FDI}$	(C,T,1)	-1.372536	-3.248592	不平稳	I(1)
$\Delta\ln S^{f-FDI}$	(C,T,1)	-3.499284	-3.248592**	平稳	

注:检验方式(C,T,K)分别表示 ADF 单位根检验方程的常数项、时间趋势项和滞后阶数,滞后阶数的选择基于 AIC 和 SC 值确定。Δ 表示变量序列的一阶差分,ΔΔ 表示变量序列的二阶差分。*、**分别表示该值是5%、10%显著性水平下的临界值。

由于 $\ln S^d$ 是 I(2)的,与 $\ln TFP$ 不同阶,所以无法对其进行进一步的协整检验。这里参照赵伟等(2006)的做法,对模型(3.2)进行修改,将 S^d 变量换成 RD^d/GDP^d,以表示中国产出的 R&D 资本密集程度,即产品所附含的知识密集程度,并加入虚拟变量 Z 以考虑政策因素对 TFP 的影响,由此得到如下方程:

$$\ln TFP_t = \varphi_0 + \varphi_1 \ln(RD_t^d/GDP_t^d) + \varphi_2 \ln S_t^{f-FDI} + \varphi_3 \ln S_t^{f-ODI} + \tau_t \tag{3.5}$$

同样的,对 $\ln(RD/GDP)$ 进行单位根检验,结果如表 3.10 所示。结果表明,与 $\ln TFP$、$\ln S^{f-ODI}$ 和 $\ln S^{f-FDI}$ 一样,$\ln(RD/GDP)$ 也是一阶单整的时间序列,因此,可以继续对它们进行协整检验。下面运用 Eviews 6.0 进行 OLS 回归,回归结果如下:

$$\ln TFP = -0.858698 + 0.104221\ln(RD_t^d/GDP_t^d) + 0.035405\ln S^{f-ODI} + 0.164844\ln S^{f-FDI} + [AR(2) = -0.258290]$$

(-3.467110^{***})　　(2.203896^{**})　　(2.543074^{**})　　(27.46547^{***})　　(-1.931673^{*})①

$R^2 = 0.986806$　Adjusted $-R^2 = 0.983877$　DW = 1.771723　F = 336.6253

从实证的结果来看,模型的可决系数 R^2 值达到了 0.986806,调整后的可决系数达到了 0.983877,表明模型模拟效果较好。进一步的,为检验回归方程设定的合理性,利用 ADF 协整检验判断残差序列是否平稳,若平稳则可判断模型设定合理。根据表 3.11 的检验结果,残差序列在 1% 的水平上显著,残差序列是平稳的,回归方程的因变量和自变量之间存在稳定的均衡关系,回归方程设定合理。

表 3.11　残差的 ADF 协整检验

		t - Statistic	Prob*
Augmented Dickey - Fuller test statistic		**-7.315937**	**0.0017**
Test critical values	1% level	-5.119808	-
	5% level	-3.519595	-
	10% level	-2.898418	-

以上模型的回归结果表明,中国通过吸引外商直接投资和对外直接投资两种渠道获得的国外研发资本存量都给中国带来了正的技术外溢效应。并且通过比较回归系数可以发现:中国产出的 R&D 资本密集程度、吸引外商直接投资和对外直接投资对母国全要素生产率的影响依次递减。中国研发经费的投入对中国全要素生产率的贡献为0.104221;中国吸引九国(地区)外商直接投资所获取的国外研发资本存量对国内技术进步的贡献为 0.164844;中国到九国(地区)的直接投资所获取的国外研发资本存量对国内技术进步的贡献较小,为 0.035405,这表明中国通过向这九个国家和地区的直接投资每增加 1%,将促进国内全要素生产率增加 0.035405%。可见,开放经济条件下,一国的技术进步不仅来源于国内研发投入的增加,吸引外商直接投资与对外直接投资也是重要的技术外溢渠道。只是由于中国的对外直接投资相对吸引外资而言发展较慢,因此其技术外溢效应相对较低。

① 注:***、**、*代表参数估计值在 1%、5%、10% 的水平上显著。

 对外直接投资的逆向技术外溢:对主要经济体投资的国际比较

3.3.1 中国对主要经济体直接投资的现状

在3.2节中,本书以1985—2009年的国内外相关数据对中国基于对外直接投资的逆向技术外溢效应进行了实证检验,实证结果表明,通过对外直接投资获取的国外研发资本存量对中国技术进步存在正效应,对外直接投资每增加1%,可以促进TFP增长约0.035405%。虽然影响系数不大,但是中国对外直接投资促进母国技术进步的作用已经得到显现。如前文所述原因,本节仍然选取美国、德国、英国、加拿大、日本、韩国、新加坡、澳大利亚、中国香港等九个国家和地区作为样本,比较它们给中国带来的逆向技术外溢效应程度。表3.12的数据表明,2003—2009年,以上九个国家和地区是中国对外直接投资的主要集聚地,七年来中国到这些主要经济体的直接投资存量平均占到了中国对外直接投资总存量的71.48%左右。2009年年末,中国对发达国家(地区)的直接投资存量为181.7亿美元,占7.4%;其中投资到欧盟62.8亿美元,占对发达国家(地区)直接投资存量的34.6%;投资到澳大利亚58.6亿美元,占32.3%;投资到美国33.4亿美元,占18.4%;投资到加拿大16.7亿美元,占9.2%;投资到日本6.9亿美元,占3.8%。考虑到数据的可得性,这里以1985—2009年这九个国家(地区)的相关数据来比较中国对上述地区直接投资所带来的逆向技术外溢效应程度。

表3.12 中国对主要经济体对外直接投资存量所占比重 单位:%

年份	美国	英国	加拿大	澳大利亚	中国香港	德国	新加坡	日本	韩国	小计
2003	1.51	0.23	1.39	1.25	74.19	0.25	0.50	0.27	0.71	80.30
2004	1.48	0.24	1.31	1.10	67.84	0.29	0.52	0.31	1.25	74.36
2005	14.38	0.19	0.18	1.03	63.82	0.47	0.57	0.26	1.54	82.45
2006	1.37	0.22	0.16	0.88	46.64	0.52	0.52	0.25	1.05	51.59
2007	1.59	0.81	1.06	1.22	58.33	0.72	1.22	0.47	1.03	66.47
2008	1.30	0.46	0.69	1.82	62.97	0.46	1.81	0.28	0.46	70.25

续表

年份	美国	英国	加拿大	澳大利亚	中国香港	德国	新加坡	日本	韩国	小计
2009	1.36	0.42	0.68	2.39	66.94	0.44	1.98	0.28	0.50	74.97

资料来源：根据各年的《中国对外直接投资统计公报》相关数据整理。

3.3.2 实证分析与结论

为了比较以上九个国家(地区)给中国带来的逆向技术外溢效应的差异，可以构建一个以母国的全要素生产率(*TFP*)为被解释变量，以到各国的对外直接投资占东道国 GDP 的比重和当地研发资本存量的乘积($S_j = \frac{ODI_{jt}}{Y_{jt}} S_{jt}^d$)为解释变量的回归方程，即

$$\ln TFP_t = \varphi_0 + \varphi_0 \ln S_{US} + \varphi_1 \ln S_{UK} + \varphi_2 \ln S_{UK} + \varphi_3 \ln S_{CA} + \varphi_4 \ln S_{AU} + \varphi_5 \ln S_{HK} + \varphi_6 \ln S_{DE} + \varphi_7 \ln S_{SG} + \varphi_8 \ln S_{JP} + \varphi_9 \ln S_{KP} + \varepsilon_t \quad (3.6)$$

其中，ε_t 为随机误差项。然后根据系数 φ_1、φ_2，…，φ_9 的值来比较各国逆向技术外溢效应的大小。本节需要如下数据来做实证检验，*TFP* 的数据来自表3.6，各国(地区)每年的研发资本存量 S_{jt}^d 的计算方法已在 3.2 节中作过详细介绍，具体数据如表 3.13 所示。

从表 3.13 中可以看到，各国(地区)的 S_j 差别较大，通过计算它们 1985—2008 年的均值发现，中国香港的 S_{HK} 值最大，第二是美国，然后依次是加拿大、澳大利亚、新加坡、日本、韩国、德国和英国。这和各国(地区)研发资本存量的排名大相径庭，各国(地区)研发资本存量(以 1985 年为基期) 1985—2008 年的均值排名依次为：美国、日本、德国、英国、加拿大、韩国、澳大利亚、新加坡和中国香港。出现这一结果的主要原因是因为中国到各国(地区)对外直接投资差别较大，中国到香港地区的对外直接投资额最大，截至 2009 年年末，中国到香港地区的直接投资就占了总投资额的 66.9%，其次是澳大利亚、新加坡、美国、加拿大、韩国、德国、英国和日本。

表 3.13　中国 TFP 与各国(地区)的相关数据

年份	TFP	S_{US}	S_{UK}	S_{CA}	S_{AU}	S_{HK}	S_{DE}	S_{SG}	S_{JP}	S_{KP}
1985	0.25908	0.56251	0.00819	0.21276	0.18813	0.00738	0.00845	0.00085	0.00639	0.00532
1986	0.26870	0.66061	0.00804	0.2608	0.21553	0.00715	0.00646	0.00101	0.00464	0.00524
1987	0.28625	0.75512	0.00692	0.30572	0.20327	0.00851	0.00654	0.00126	0.00704	0.00486
1988	0.30404	0.81856	0.00621	0.31409	0.19952	0.01133	0.00839	0.00127	0.00886	0.00421
1989	0.30406	0.81476	0.00823	0.68517	0.23075	0.01282	0.01078	0.00172	0.01229	0.00390
1990	0.28552	0.82815	0.00732	0.67343	0.27091	0.01425	0.00989	0.00234	0.01581	0.00385
1991	0.30198	0.84235	0.0073	0.67877	0.28576	0.01361	0.00970	0.00312	0.01805	0.00369
1992	0.33305	0.84882	0.00877	0.71785	0.30726	0.0165	0.00994	0.00426	0.02431	0.00415
1993	0.36529	0.86233	0.00998	0.75079	0.33924	0.01643	0.01054	0.00564	0.02551	0.00424
1994	0.39605	0.84345	0.0113	0.75986	0.31754	0.01577	0.01121	0.00653	0.02532	0.00601
1995	0.42161	0.87635	0.01144	0.73586	0.30157	0.01803	0.00973	0.00615	0.02738	0.00689
1996	0.44411	0.85761	0.01116	0.71689	0.28020	0.02445	0.01042	0.00740	0.03441	0.00728
1997	0.46375	0.88077	0.01057	0.66132	0.28808	0.02507	0.01226	0.00971	0.04238	0.00811
1998	0.47589	0.91705	0.01081	0.70047	0.32521	0.03043	0.01461	0.02170	0.04781	0.01415
1999	0.48844	1.08109	0.0109	0.67724	0.31160	0.03797	0.01641	0.02796	0.04503	0.01278
2000	0.50565	1.10197	0.01116	0.67643	0.32642	0.04188	0.02168	0.02884	0.04573	0.01453
2001	0.52153	1.21916	0.01642	0.71884	0.37199	0.08280	0.02928	0.03558	0.05809	0.01786
2002	0.54096	1.7979	0.02894	0.79496	0.41903	0.79591	0.09050	0.08286	0.12502	0.12009
2003	0.56250	1.05983	0.09875	0.74153	0.31613	5.36861	0.12769	0.20104	0.29859	0.25001
2004	0.58273	1.34402	0.12472	0.86440	0.32739	7.00255	0.18739	0.27361	0.44917	0.57882
2005	0.60700	1.60889	0.12082	0.13694	0.39495	8.71580	0.40104	0.37891	0.50533	0.79426
2006	0.63651	2.33999	0.21894	0.17298	0.52046	10.4347	0.71395	0.53290	0.80718	0.83450
2007	0.67366	3.48666	0.92770	1.55950	0.87703	17.02870	1.19600	1.58358	1.68141	1.06622
2008	0.68430	4.40585	0.87941	1.55134	1.75373	29.62810	1.15377	4.0942	1.76208	0.90475

资料来源:根据前面章节的相关数据整理计算。

尽管如此,我们仍然需要对这九个国家和地区按照它们研发资本存量的密集度进行分类。模型(3.6)中,本书把选取的样本国(地区)分为两组:一组是 OECD 成员体的美国、加拿大、英国、德国、澳大利亚、日本和韩国等七个国家;另一组是 OECD 非成员体的新加坡和中国香港。我们通过分组聚类分析法测量中国到这些国家和地区的对外直接投资对中国技术进步的影响程度差异,由此可构建模型:

$$\ln TFP_t = \lambda_1 \ln S_t^{f1} + \lambda_2 \ln S_t^{f2} + \theta Z + C + \varepsilon_t \quad (3.7)$$

其中,S_t^{f1} 为七国 t 时期通过对外直接投资渠道溢出的国外研发资本存量;S_t^{f2} 为新加坡和中国香港 t 时期通过对外直接投资渠道溢出的国外研发资本存量;Z 为虚拟变量,表示政策因素对 TFP 的影响;ε_t 为误差项。具体数据如表 3.14 所示。

表 3.14　中国到主要经济体的 ODI 所获取的国外研发资本存量

年份	*TFP*	S_t^{f1}(亿美元)	S_t^{f2}(亿美元)
1985	0.25908	0.99175	0.00823
1986	0.26870	1.16132	0.00816
1987	0.28625	1.28947	0.00977
1988	0.30404	1.35984	0.01260
1989	0.30406	1.76588	0.01454
1990	0.28552	1.80936	0.01659
1991	0.30198	1.84562	0.01673
1992	0.33305	1.92110	0.02076
1993	0.36529	2.00263	0.02207
1994	0.39605	1.97469	0.02230
1995	0.42161	1.96922	0.02418
1996	0.44411	1.91797	0.03185
1997	0.46375	1.90349	0.03478
1998	0.47589	2.03011	0.05213
1999	0.48844	2.15505	0.06593
2000	0.50565	2.19792	0.07072
2001	0.52153	2.43164	0.11838
2002	0.54096	3.37644	0.87877
2003	0.56250	2.89253	5.56965

续表

年份	**TFP**	S_t^{f1}（亿美元）	S_t^{f2}（亿美元）
2004	0.58273	3.87591	7.27616
2005	0.60700	3.96223	9.09471
2006	0.63651	5.60800	10.96760
2007	0.67366	10.79452	18.61228
2008	0.68430	12.41093	33.72230

下面用 Eviews 6.0 软件进行计量分析。首先对各变量进行单位根检验，具体检验结果如表 3.15 所示。通过 ADF 检验可以看到，$\ln TFP$、$\ln S_t^{f1}$、$\ln S_t^{f2}$ 都是 I(1)的，即它们的一阶差分是平稳的时间序列。

表 3.15　各变量的单位根检验结果

变量	检验方式(C,T,K)	ADF 值	1%临界值	5%临界值	10%临界值	结论	单整阶数
$\ln TFP$	(C,T,1)	−2.941444	−4.440739	−3.632896	−3.254671	不平稳	I(1)
$\Delta\ln TFP$	(C,0,0)	−2.838285***	−3.769597	−3.004861	−2.642242	平稳	
$\ln S_t^{f1}$	(C,T,0)	0.222287	−4.416345	−3.622033	−3.248592	不平稳	I(1)
$\Delta\ln S_t^{f1}$	(C,0,0)	−4.045810*	−3.769597	−3.004861	−2.642242	平稳	
$\ln S_t^{f2}$	(C,T,1)	−1.678072	−4.440739	−3.632896	−3.254671	不平稳	I(1)
$\Delta\ln S_t^{f2}$	(C,0,1)	−3.203197**	−3.788030	−3.012363	−2.646119	平稳	

注：检验方式(C,T,K)分别表示 ADF 单位根检验方程的常数项、时间趋势项和滞后阶数，滞后阶数的选择基于 AIC 和 SC 值确定。Δ 表示变量序列的一阶差分。*、**、***分别代表参数估计值在 1%、5%、10%的水平上显著。

将表 3.15 中的数据运用 Eviews 6.0 软件对方程(3.6)进行 OLS 回归，回归结果如下：

$$\ln TFP = -1.106282 + 0.119119\ln S^{f1} + 0.034949\ln S^{f2} + 0.3500358Z$$

$$(-14.73514)\quad(2.258780)\quad(2.904798)\quad(10.29974)$$

$R^2 = 0.965604$　adjusted $-R^2 = 0.960445$　DW $= 1.490357$　F $= 187.1556$

从实证结果来看，模型的可决系数 R^2 值达到了 0.965604，调整后的可决系数达到了 0.960445，F 统计值达到了 187.1556，表明模型模拟效果较好。但是杜宾值 DW = 1.490357，统计值偏小，变量有存在序列正相关的可能。由于 DW 统计量适用范围较小，我们利用 LM 统计量检验序列的相关性。根据表 3.16 的检验结果，F 统计值偏小，而且 P 值较大，结果不显著，接受原假设，即回归方程的残差不存在序列相关性。

表 3.16　LM 统计量检验结果

	Breusch - Godfrey Serial Correlation LM Test		
F - statistic	1.822599	Probability	0.190195
Obs* R - squared	4.041763	Probability	0.132539

为检验回归方程设定的合理性，我们利用 ADF 的协整检验方法来检验残差序列是否平稳，具体检验结果如表 3.17 所示。检验结果显示，残差序列在 1% 的显著水平上显著，即残差序列不存在单位根，由此可以确定，回归方程的因变量和自变量之间存在稳定的均衡关系，回归方程设定合理。

表 3.17　残差的 ADF 检验结果

Augmented Dickey - Fuller test statistic		t - Statistic	Prob*
		-3.884627	**0.0005**
Test critical values	1% level	-2.669359	-
	5% level	-1.956406	-
	10% level	-1.608495	-

以上模型的回归结果表明，中国通过对外直接投资获得的国外研发资本存量对中国技术进步具有显著的促进作用。通过对九个样本国家和地区进行分类，并分别计算中国在这些国家和地区的直接投资所获得的国外研发溢出状况可以看到它们的差别。中国在七个 OECD 成员体的直接投资所获取的国外研发资本存量对国内技术进步产生了较大的技术溢出效应，其对中国全要素生产率的贡献为 0.119119，并通过了 1% 的显著性检验，这表明中国向这些 OECD 成员体的直接投资每增加 1%，将促进国内全要素生产率增加 0.119119%。同时，对 OECD 非成员体的新加坡和中国香港的直接投资也对中国的全要素生产率带来了正向效应，只是贡献度比较小，仅为 0.034949。从实证检验的结果可以看到，到发达国家和地区进行对外直接投资对母国的技术进步具有促进作用。

3.4 本章小结

本章在第2章理论分析的基础上，研究了中国对外直接投资的发展状况，并对中国基于对外直接投资的逆向技术外溢效应进行了实证分析。通过运用图表分析与国际比较，本章有如下结论：

第一，本章从投资规模、投资形式、投资行业、投资主体、投资区域五个方面考察改革开放以来中国对外直接投资的发展状况。通过纵向考察与横向比较发现，近年来特别是2005年以来，中国的对外直接投资迅速发展，投资流量已跨入世界前三位行列，但投资存量与发达国家仍有较大差距；对外直接投资形式呈多样化趋势的同时，跨国并购已逐渐成为对外直接投资的主要形式；对外直接投资领域不断拓宽，但各行业分布呈现不均匀态势；对外直接投资主体已初步呈现多元化趋势，但国有企业和有限责任公司是中国对外直接投资的主体；对外直接投资区域日趋集中，但高度集中于亚洲和拉丁美洲地区。

第二，本章在借鉴经典国际技术外溢测度模型的基础上，运用中国的相关时间序列数据，实证检验中国对外直接投资的逆向技术外溢效应。研究发现，开放经济条件下，一国的技术进步不仅来源于国内研发投入的增加，吸引外商直接投资与对外直接投资也是重要的技术外溢渠道。中国通过吸引外商直接投资和对外直接投资两种渠道获得的国外研发资本存量都为中国带来了正的技术外溢效应，只是由于中国的对外直接投资相对吸引外资而言发展较慢，因此其技术外溢效应相对较低。

第三，考虑到逆向技术外溢的来源地差异，本章进一步根据中国对主要经济体的直接投资实际状况，对其带来的逆向技术外溢效应进行国际比较。研究结果表明，中国通过对外直接投资获得的国外研发资本存量对中国技术进步具有显著的促进作用，而且在OECD成员体的直接投资所获取的国外研发资本存量对国内技术进步产生了较大的技术溢出效应。可见，到发达国家和地区进行对外直接投资对母国的技术进步具有显著的促进作用。

4 中国技术创新现状与对外直接投资的技术创新效应

当今时代，科学技术已经成为一国综合国力的重要组成部分，科技竞争也已经成为综合国力竞争的关键和前沿。作为技术进步的重要来源之一，技术创新活动目前已成为衡量一国科技竞争力的重要指标。技术创新一般表现为产品创新和生产过程创新。目前国际上通常采用研发与发展水平、科技活动人员数等指标来反映技术创新的状况。研发与发展活动(Research and Development，R&D）的规模和强度指标反映了一国的科技实力和核心竞争力，一国的研发能力体现着一国的政治经济实力，一个企业的研发水平，则体现着一个企业的竞争力。联合国教科文组织(UNESCO)和经济合作与发展组织(OECD)都将 R&D 定义为：为了增加包括人、文化和社会知识在内的知识总量，并且利用这些知识总量去创造新的应用而进行的系统的、创造性的活动。R&D 活动一般由基础研究(Basic Research)、应用研究(Applied Research)和试验发展(Test Development)三类活动组成。在中国的统计体系中，把研究和发展经费支出定义为用于研究与发展课题活动(基础研究、应用研究、试验发展)的全部实际支出，包括用于研究与发展课题活动的直接和间接支出。本章首先分析了中国近年来技术创新活动投入产出的发展过程及其与 G－7 国家的情况比较；然后研究基于中国对外直接投资的技术创新效应；最后分析对外直接投资对中国区域创新能力的影响。考虑到 OECD 国家特别是 G－7 国家(即美国、英国、法国、德国、日本、意大利和加拿大)的研发活动在世界上占有很大比重，本章用 G－7 国家与中国作比较。需要说明的是，受统计数据的限制，本章只分析 1990 年以来中国技术创新活动投入产出的发展过程。同时，我们将尽可能选取各国最新的研发投入产出数据，以对中国与 G－7 国家技术创新活动的投入产出情况进行国际比较①。

4.1 中国技术创新活动投入产出的现状分析与国际比较

4.1.1 中国 R&D 投入现状与国际比较

为在国际上保持技术优势,各国特别是发达国家都在加大 R&D 活动的投入力度。中国自改革开放以来,随着国民经济的增长,R&D 投入也受到了越来越多的关注。当前世界各国中,研发投入密集的国家大都属于发达国家,特别是 OECD 国家的研发投入在世界研发投入总额中占了相当大的比重。相关统计资料显示,OECD 国家占有全球 R&D 总支出的 80% 左右,而且 OECD 国家的 R&D 活动又相对集中在 G－7 国家(即美国、英国、法国、德国、日本、意大利和加拿大)。2010 年,OECD 国家的 R&D 总投入为9945.66亿美元,约 79.1% 的投入分布在 G－7 国家,其中美国的 R&D 投入占所有 OECD 国家 R&D 总投入的 41.5% 。为此,此处将主要选取 G－7 国家的相关数据,从 R&D 经费支出总额、R&D 经费活动类型、R&D 经费执行部门、从事 R&D 活动人员、国家财政科技与教育支出等方面对中国与 G－7 国家的研发投入状况作对比研究。

4.1.1.1 R&D 经费支出总额

R&D(研发)经费支出目前已成为衡量一国在科技创新活动上努力程度的重要指标,特别是研发经费投入强度(研发经费与 GDP 之比)更反映了一国在推动自主创新方面的投入和努力。从 R&D 经费支出的总额来看,1990—2012 年中国的 R&D 支出总量呈逐年递增之势,特别是 2000 年以来,中国研发经费支出以年均 23.3% 的速度快速增长。其中 2001 年首次突破 1000 亿元,2009 年突破 5000 亿元,2012 年再创新高,高达 10298.4 亿元,是 2000 年的 11.5 倍;和 2009 年相比,短短 3 年时间,R&D 支出约增长了 1.8 倍,中国正式跻身研发经费投入大国之列。从研发投入强度来看,各年的

① 本节数据主要摘自各年的《中国统计年鉴》《中国科技统计年鉴》、中国科技信息网(http://www.chinainfo.gov.cn/index.html)、财政部网站(http://www.mof.gov.cn/index.htm)以及 OECD, Main Science and Technology Indicators, 2004－2010。

《中国科技经费投入统计公报》数据显示，1990年中国R&D经费总支出占全年GDP的0.7%，2002年首次突破1%，2009年突破1.5%，到2012年中国R&D经费支出继续保持快速增长，占全年GDP比例为1.98%，创历史新高（见图4.1）。而且，中国的研发总支出在世界中的排名也不断上升，2012年仅次于美国、日本，位居世界第三。

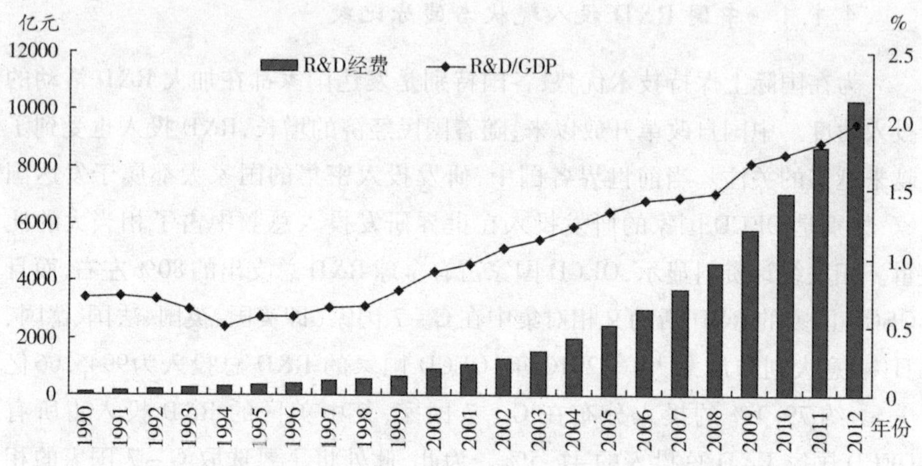

图4.1　中国R&D经费支出及其占GDP比重（1990—2012年）

资料来源：各年的《中国科技统计年鉴》《中国统计年鉴》。

尽管中国的R&D经费支出逐年递增，但其研发投入强度与世界领先国家（特别是G－7国家）3%左右的水平相比仍有一定差距。从研发投入的规模来看，2010年美国的研发经费投入为4086.57亿美元，占所有OECD国家R&D总投入的41.5%；日本为1396.26亿美元，占所有OECD国家R&D总投入的14%；中国的研发投入约为美国的43.6%，不到日本的1/2。从R&D占GDP的比例来看，发达国家一般用于科研的资金占GDP的比例都在2%～3%，而中国的这一比例在2000年以前基本保持在0.7%左右，直到2001年开始才上升至1%以上，2012年达到历史最高点，但仍低于2%。而日本在1990年R&D占GDP的比重就有2.78%，并从2001年开始增长到了3%以上。这里有必要提及韩国，韩国政府一直把科学和技术当成“先进国家”的关键，其经济增长虽一度依赖于模仿，但它能够在吸收国外先进技术的基础上，通过投资研发以对其进行改进。从OECD提供的数据可以看出，韩国的R&D经费支出及其占GDP比重增长速度非常快，研发投入强度多年居世界首位(见图 4.2)。

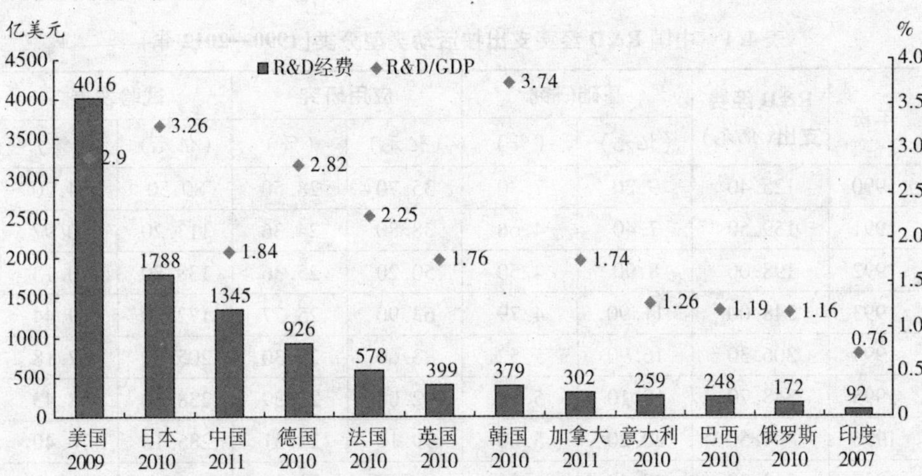

图 4.2　中国与主要国家 R&D 经费支出及其占 GDP 比重

资料来源:中国科技部、OECD《Main Science and Technology Indicators 2012/1》、巴西科技部、联合国教科文组织等网站。

此外,从人均 R&D 经费支出水平来看,中国 2010 年的人均 R&D 经费支出只有 132.9 美元,与发达国家相比差距明显。中国人均 R&D 投入经费支出仅为美国的 10.1%、日本的 12.2%、德国的 12.6%。这和中国庞大的人口数量密切相关,尽管中国 R&D 经费的总量在逐年增加,但由于人口基数过大,相对于 R&D 投入总量的增长显得微不足道,说明今后中国技术创新的物质投入仍有待进一步加大力度。

4.1.1.2　R&D 经费活动类型

从中国 R&D 经费支出的活动类型分布来看,中国 R&D 经费的绝大部分投到了试验发展活动中,基础研究、应用研究两类活动投入的比重偏低,特别是探索与发现新知识的基础研究投入过少。1990—2012 年中国投向试验发展的 R&D 经费基本保持在 70% 以上,2007—2012 年更是达到了 82% 以上。而中国投入基础研究领域的经费虽然在逐年上升,但是其占 R&D 的比重不高。1990—2006 年中国用于基础研究的 R&D 经费只占总 R&D 经费的 5% 左右,从 2007 年开始的六年里,这一比重还下降到了 4.7% 左右(见表

4.1）。这些数据表明，中国的 R&D 经费投入活动存在比例失衡问题[①]。

表 4.1　中国 R&D 经费支出按活动类型分类（1990—2012 年）

年份	R&D 经费支出（亿元）	基础研究		应用研究		试验发展	
		（亿元）	（%）	（亿元）	（%）	（亿元）	（%）
1990	125.40	9.20	7.30	35.70	28.50	80.50	64.20
1991	159.50	7.40	4.66	38.80	24.36	113.20	70.97
1992	198.00	8.90	4.50	50.20	25.36	138.80	70.13
1993	248.00	11.90	4.79	63.90	25.77	172.20	69.44
1994	306.30	16.90	5.52	83.60	27.30	205.80	67.18
1995	348.70	18.10	5.18	92.00	26.39	238.60	68.43
1996	404.50	20.20	5.00	99.10	24.51	285.10	70.49
1997	509.20	27.40	5.39	130.60	26.02	323.40	68.60
1998	551.10	28.90	5.24	124.60	22.61	397.50	72.12
1999	678.90	33.90	4.99	151.50	22.32	493.50	72.69
2000	895.70	46.70	5.21	151.90	16.97	697.00	77.82
2001	1042.50	52.20	5.33	175.90	17.73	814.30	76.93
2002	1287.60	73.80	5.73	246.70	19.16	967.20	75.11
2003	1539.60	87.70	5.69	311.40	20.23	1140.50	74.08
2004	1966.33	117.19	5.96	400.54	20.37	1448.60	73.67
2005	2449.97	131.32	5.36	433.64	17.70	1885.25	76.95
2006	3003.10	155.86	5.19	504.52	16.80	2342.72	78.01
2007	3710.24	174.38	4.70	492.72	13.28	3042.77	82.01
2008	4616.02	220.65	4.78	575.16	12.46	3820.22	82.76
2009	5802.11	270.29	4.66	730.79	12.60	4801.03	82.75
2010	7062.58	324.49	4.59	893.79	12.66	5844.30	82.75
2011	8687.01	411.81	4.74	1028.39	11.84	7246.81	83.42
2012	10298.41	498.81	4.84	1161.97	11.28	8637.63	83.87

资料来源：中国科技统计网站（http://www.sts.org.cn/）与各年《中国科技统计年鉴》。

① 基础研究是指探索自然界的物质运动、变化规律的研究，是发展新知识、新技术的理论基础；应用研究是指为了将基础研究的成果运用于改变现实社会经济生活的某种实用目的的研究；试验发展则是利用研究成果寻求明确、具体的技术突破的研究。

从基础研究、应用研究和试验发展经费支出的比例来看,中国与发达国家存在明显的结构性差异。若以基础研究为1,中国2011年的这一比例关系为1∶2.51∶17.77,俄罗斯2010年为1∶0.96∶3.14,韩国2010年为1∶1.09∶3.4,日本2009年为1∶1.78∶4.84,意大利2008年为1∶1.78∶0.96,法国2009年为1∶1.53∶1.32,美国2009年这一比例为1∶0.94∶3.33(见图4.3)。可见,与发达国家相比,中国的研发经费支出活动仍过于集中在试验发展活动,基础研究领域投入过少,且有逐年下降之势。而发达国家都比较重视基础研究,其基础研究经费在全国R&D经费支出总额中的比重大多在20%左右,相对较低的日本也在12%以上;韩国接近19%。从历史发展来看,中国这一比重长期稳定在5%左右的局面没有改变,近年来更是低于5%。

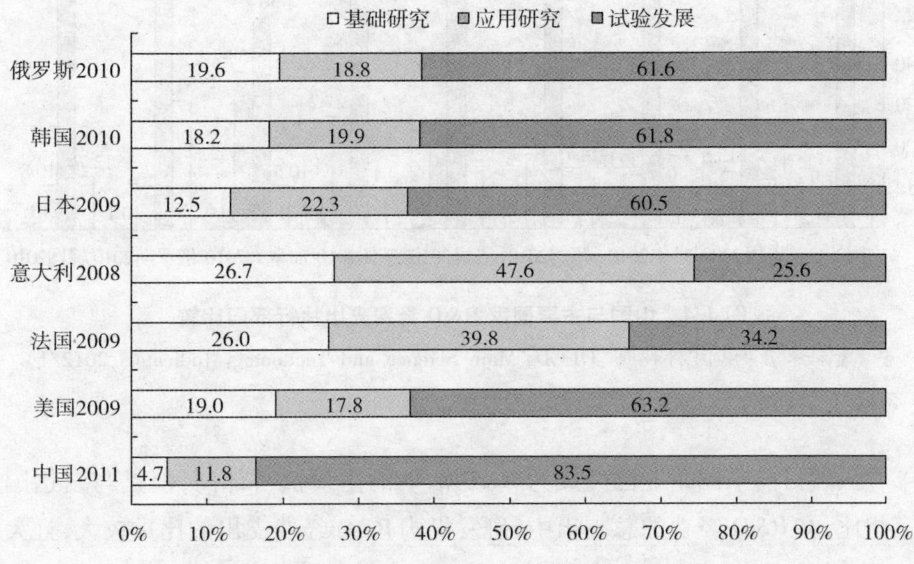

图4.3 中国与主要国家R&D支出按活动类型分类

资料来源:中国科技部、OECD《Main Science and Technology Indicators 2012/1》网站。

4.1.1.3 R&D经费执行部门

随着改革开放的不断深入,中国R&D经费的执行部门也在不断变化,一个明显的趋势是:企业不但是中国R&D经费的最大来源,同时也是R&D活动的主要执行部门。2012年中国企业R&D经费支出额为7842.2亿元,占全社会R&D经费总额的76.1%;研究与开发机构支出1548.9亿元,占

R&D 总额的 15%；高等学校支出 780.6 亿元，占 R&D 总额的 7.6%。企业所占比重比上年提高了 19.2%，企业的 R&D 投资主体地位进一步巩固。目前以 G-7 国家为代表的大多数发达国家企业 R&D 经费占全部 R&D 经费的比重都在 60% 以上，图 4.4 比较了中国与主要国家 R&D 经费支出执行部门情况，2010 年日本和韩国的企业研发经费支出均超过 74%，美国 2009 年为 70.3%，加拿大 2010 年在 50% 以上。

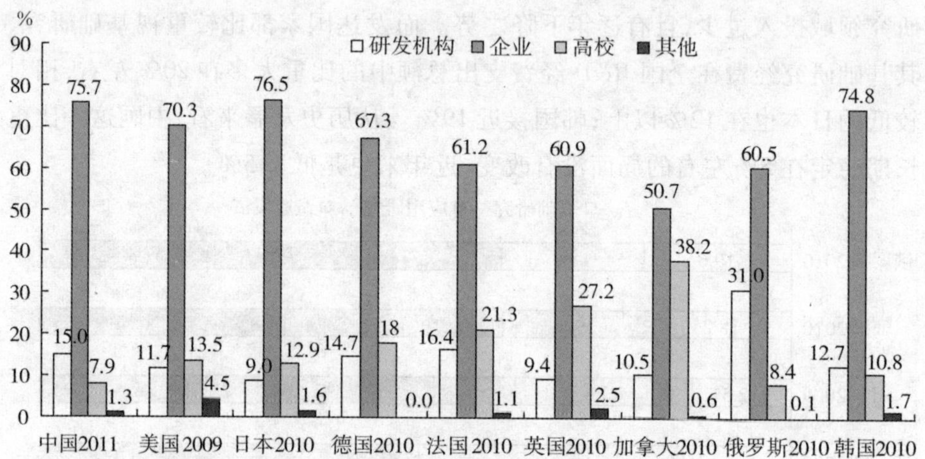

图 4.4　中国与主要国家 R&D 经费支出执行部门比较

资料来源：中国科技部、OECD《Main Science and Technology Indicators 2012/1》网站。

虽然目前中国企业已经成为 R&D 活动的主要执行部门，但是与发达国家相比，在 R&D 经费的总支出中，研发机构 R&D 经费支出的比重较大，且大于高校的比例。而发达国家却不同，它们的高校 R&D 经费支出要高于研发机构的 R&D 经费支出，2009 年美国的高校 R&D 经费支出比研发机构高 1.8 个百分点，2010 年日本、德国、法国、英国、加拿大的高校 R&D 经费支出比研发机构分别高 3.9%、3.3%、4.9%、17.8% 和 27.7%（见图 4.4）。这说明中国庞大的高校群体仍有待进一步提高其研发能力，从而实现真正的产学研相结合，以提高本国的技术创新水平。此外，根据按执行部门分组的研发经费支出数据来看，2012 年中国企业的研发经费中用于试验发展的经费支出占了 96.8%，基础研究和应用研究仅占 0.09% 和 3.05%；相反，高等院校的研发经费支出则主要用于应用研究和基础研究，分别占 51.6% 和35.3%，而试验发展所占比重较小，仅为13.1%；研究与开发机构的研发经费支出主要用于试验发展，占56.9%，基础研究和应用研究分别为12.8%和30.3%。可见，2012年中国基础研究研发经费支出所占比重最大的是高等院校，其次为研发机构，中国企业的研发经费支出虽占全国总支出的76.1%，但其用于基础研究的研发经费支出严重不足，这可能是中国基础研究活动经费支出比重偏小的一个重要原因。

4.1.1.4 从事R&D活动人员

从事R&D人员数、从事R&D的科学家和工程师总数以及每万劳动力中从事R&D活动的科学家和工程师人数，是反映一国技术创新能力的三个重要指标。由于我们暂时未获取到有关R&D科学家和工程师近几年的数据，这里只分析1990—2008年中国从事R&D人员的概况。图4.5表明，1990—2008年中国从事R&D活动的人员呈逐年递增之势，2008年中国从事R&D活动的人员数是1990年的3.2倍，从事R&D活动的科学家和工程师人数是1990年的3.9倍，而每万劳动力中从事R&D活动的科学家和工程师人数也是1990年的3.3倍。此外，从目前国际上通用的用于比较科技人力投入的指标——研发人员全时当量（它是指全年从事科学研发活动累积工作时间占全部工作时间的90%及以上人员工作量与非全时人员按实际工作时间折算的工作量之和）来看，根据国家统计局、科技部等六部门联合发布的2010年第二次全国科学研究与实验发展资源清查主要数据公报显示，2009年中国按实际工作时间计算的研发人员全时当量为229.1万人年，是2000年的2.5倍。

尽管中国的研发人员数量呈逐年递增趋势，但是与发达国家相比，中国研发人员的比例仍然不高。有关数据显示，一方面，中国每万名劳动力中研发人员仅24.8人，而在美国，这一数据约为90人，芬兰更达到214人；另一方面，中国高技能人才在技能劳动者中仅占24.4%，这也远低于发达国家的平均水平。表4.2显示了中国与世界研发大国间的差距。与G-7国家相比，中国从事R&D活动人员的绝对数较高，这主要是由于中国的人口基数较大。而从事R&D活动的人员占总人口的比重却明显低于发达国家，每万劳动力中从事R&D的科学家和工程师人数，中国2007年只有18人，而美国1999年就达到了90人以上，日本2007年则达107人。此外，中国的这三项指标有的甚至还低于一些发展中国家，如每万劳动力从事R&D活动的科学

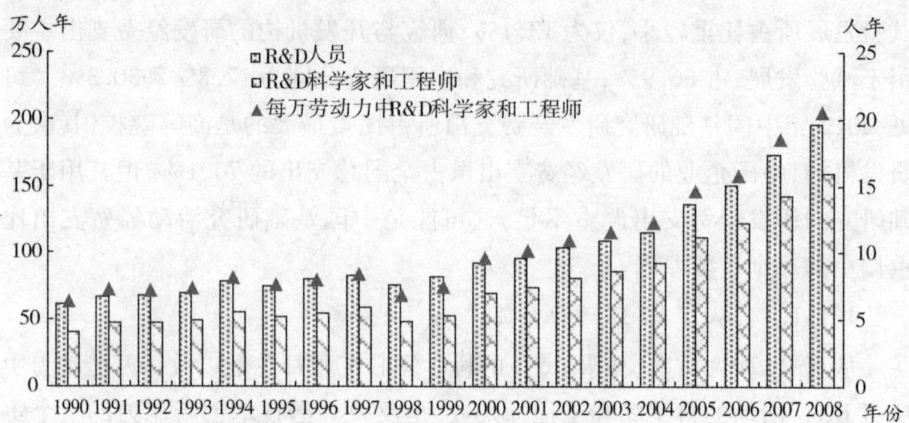

图 4.5　中国从事 R&D 活动人员情况

资料来源:中国科技统计网站(http://www.sts.org.cn/)与各年的《中国科技统计年鉴》。

家和工程师人数,印度 1994 年就达到了 150 人,而中国却只有其 1/10 左右。可见,中国巨大的人口基数与较小的 R&D 活动人员密度不相适应,这可能也是影响中国技术创新水平的一个重要原因。

表 4.2　中国与 G-7 国家从事 R&D 活动人员比较

对比指标	单位	中国(2007)	美国(2006)	日本(2007)	德国(2007)	英国(2007)	法国(2006)	加拿大(2005)	意大利(2006)
R&D 人员	万人/年	173.62	–	93.79	49.39	33.37	36.39	21.39	19.20
R&D 科学家和工程师	万人/年	142.34	142.56	71.00	28.43	17.55	21.11	13.43	8.84
每万劳动力中 R&D 科学家和工程师	人/年	18	94	107	68	57	77	77	36

资料来源:中国科技统计网站(http://www.sts.org.cn/)与各年的《中国科技统计年鉴》。

4.1.1.5　国家财政科技与教育支出

改革开放以来,国家财政科技支出一直是中国科研投入的重要来源,1978—2012 年中国的国家财政科技拨款额表现出逐年递增的趋势,国家财政每年用于研发投入的力度不断加大(见图 4.6)。1978 年中国国家财政用于科技的支出为52.89亿元，占GDP的1.46%，占国家财政总支出的4.71%；到2012年国家财政科技拨款达5600.1亿元，占GDP的1.08%，占当年财政总支出的5.49%，比改革开放之初翻了近七番。30多年来，国家财政科技支出占财政总支出的平均比重约为4.46%，只有2000—2005年低于4%；2012年增速明显，接近5.5%，比上年上涨了约16.7%。同时，国家财政科技支出占GDP的每年平均比重为0.83%，特别是2004年以来递增趋势明显。

近年来，尽管中国的国家财政科技支出逐年递增，但与G－7国家相比差距仍然较大。以2003年为例，当年美国联邦政府科技投入创历史最高纪录，达1120.47亿美元，占政府总预算的5.2%，且比G－7其余六国的总和还多（日、德、法、英、意、加依次为194.47亿、173.69亿、145.79亿、83.83亿、83.14亿、63.23亿美元），而中国当年的财政科技支出仅为117.96亿美元，只有美国的10.5%。

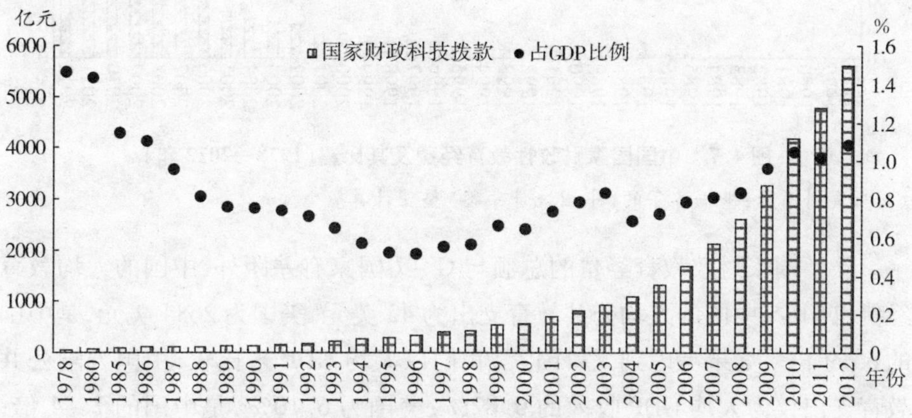

图4.6 中国国家财政科技拨款及其占GDP比重（1978—2012年）

资料来源：根据各年的《中国科技统计年鉴》整理计算。

改革开放以来，中国国家财政性教育经费不断增加，教育支出占国家财政总支出的比重从1978年的6.8%提高到了2012年的16.9%，这一比重已经高于世界上大多数国家。不过，目前世界衡量教育水平的基础线却是国家财政性教育经费支出占国内生产总值4%的指标。从这个指标来看，中国的国家财政教育支出水平与G－7国家存在差距。1993年，中共中央、国务院发布《中国教育改革和发展纲要》便提出，国家财政性教育经费支出占

GDP 比例要达到4%。但这一目标一直未能实现。2009 年以前,中国国家财政性教育经费占 GDP 的比重一直处于3%以下,2009—2011 年增加到3%以上,比前几年有了较大提高,但仍低于公共教育经费 4.5% 的世界平均水平。直到2012 年,全国公共财政教育经费支出为21242.1 亿元,占 GDP 比重首次突破4%,达到4.09%(见图4.7)。目前美国、日本、韩国、印度的公共教育经费投入约占 GDP 的4.7% ~7.4%,特别同为人口大国的印度也达到了 7%以上。

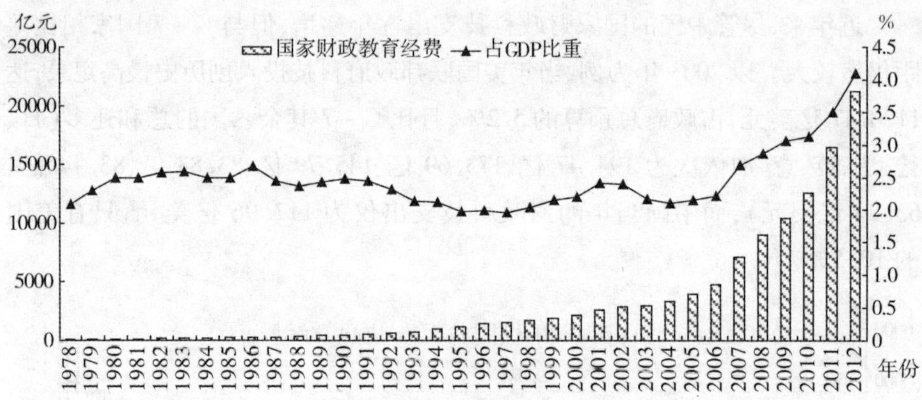

图 4.7 中国国家财政性教育经费及其比重(1978—2012 年)

资料来源:根据各年的《中国统计年鉴》整理计算。

除了国家财政教育经费的总额与 G-7 国家有差距外,中国的人均教育经费也偏少,中国的人均公共教育支出为42 美元,美国为2684 美元,是中国的63.9 倍。如果考虑到人口因素,我们以人均 GDP 来比较,中国人均公共教育支出仅为人均 GDP 收入的 0.82%;美国为 6.10%,是中国的 7.44 倍;日本为4.28%,是中国的5.22 倍;韩国为3.01%,是中国的3.67 倍;俄罗斯为1.87%,是中国的2.28 倍;巴西为2.29%,是中国的2.79 倍。由此可见,中国不仅与发达国家有很大差距,即使在“金砖四国”中,中国的教育投入也排在末位。中国的教育竞争力在“金砖四国”中略落后于俄罗斯,但远高于巴西和印度,这一方面说明中国在教育经费有限的情况下,教育发展取得了举世瞩目的成就;另一方面,我们必须看到增加教育投入是中国未来提升教育竞争力的关键因素①。

① 摘自2009 年11 月30 日《中国教育报》。

4.1.2 中国R&D产出现状与国际比较

如前所述,一国的R&D投入状况只是反映了该国在推动自主创新活动方面的投入和努力程度,而真正衡量一国技术创新水平的应该是该国的R&D产出状况。目前学者们通常采用专利申请与授予量、科技论文数和高技术产业发展情况等作为R&D产出能力的衡量指标。下面将从这几个方面展开分析。

4.1.2.1 专利申请与授权量

专利数据是衡量各国科技活动产出的重要指标,它反映了一国技术发明创造活动的水平和产出状况,在一定程度上代表了一个国家在新技术市场的竞争能力。专利的种类在不同的国家有不同规定,在中国《专利法》中,专利包含有发明专利、实用新型专利和外观设计专利三种,特别是发明专利,因其科技含量高、具有国际可比性等特点成为衡量科技产出的重要指标之一。根据OECD对41个拥有三方专利国家(地区)的统计,2010年中国拥有三方专利875件,较上年增长23.4%,国际排名第8位,较上年提升了3个位次,在发展中国家处于领先位置。

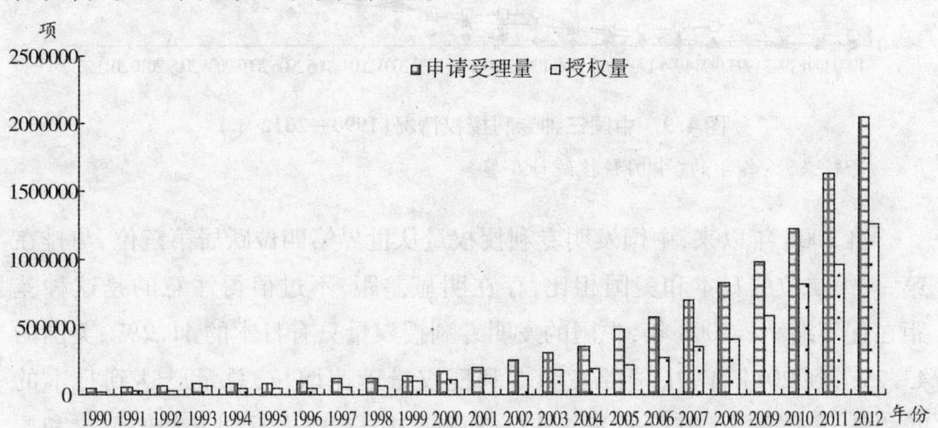

图4.8 中国专利申请受理和授权情况(1990—2012年)

资料来源:各年的《中国科技统计年鉴》。

首先,从专利申请与授权的总量来看,2000年以前中国专利授权总数一直处于较低水平,近年来随着中国改革开放进程的加快和科教兴国政策的实施,三大专利申请量逐年增加,专利授权量也大幅提升(见图4.8)。2012年,中国专利申请总量为2050649项,授权量1255138项,分别比上年增长25.5%和30.7%,授权量占申请量的61.2%。1990—2012年中国授权的三种专利中,发明专利的授权量过少是最突出的特点,实用新型专利的授权量明显高于发明和外观设计专利的授权量(见图4.9)。2012年实用新型、外观设计和发明三类专利的授权量分别占总授权量的45.5%、37.2%和17.3%,而三者的申请量所占的比重却与前者大相径庭,其比例分别为36.1%、32%和31.8%。可见,尽管目前中国的发明申请量较大,但是授权量较少,而实用新型专利却获得了最多的授权量。

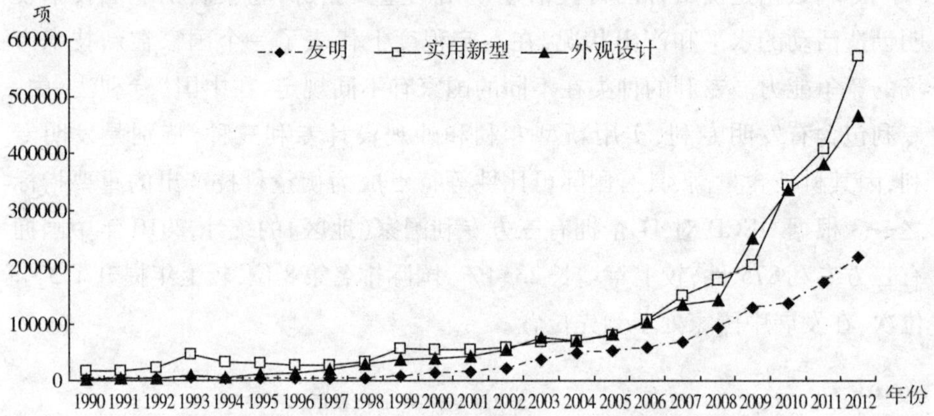

图4.9 中国三种专利授权情况(1990—2012年)

资料来源:各年的《中国科技统计年鉴》。

自2008年以来,中国发明专利授权量从世界第四位跃居第三位,与排在第一、第二位的日本和美国相比,存在明显差距,不过值得注意的是这种差距在逐年缩小。2008年,中国的发明专利授权量只有日本的41.2%、美国的43.2%;到2011年,中国的发明专利授权量迅速增长,总量已达到日本的72.2%、美国的76.7%(见表4.3)。而且,中国本国人发明专利申请量和授权量的国际排名不断上升。其中,本国人发明专利申请量的国际排名由2006年的第四位,到2007年和2008年上升为第三位,2009年超过美国升至第二位,2010年超过日本跃居世界首位;本国人发明专利授权量的国际排名在2006—2008年一直稳居第四位,2009年超过韩国上升到世界第三位,2011年又超过美国升至世界第二位。

表 4.3 中国与 G-7 国家发明专利授权量比较

国别	2007		2008		2009		2010		2011	
	授权量（件）	位次	授权量（件）	位次	授权量（件）	位次	授权量（件）	位次	授权量（件）	位次
中国	67948	4	93706	3	128389	3	135110	3	172113	3
日本	164954	1	176950	1	193349	1	222693	1	238323	1
美国	157283	2	157772	2	167349	2	219614	2	224505	2
加拿大	18550	6	18703	6	19497	6	19120	6	20762	6
德国	17739	7	17308	7	14435	8	13678	9	11719	8
法国	12112	9	10811	10	10529	10	9899	10	10213	10
意大利	6508	15	7318	12	18277	7	16106	7	7173	12
英国	5930	16	5360	14	5428	16	5594	14	8304	11

资料来源：WIPO statistics database（2010—2012 年）。

其次，从本国人获得发明专利授权的具体情况来看，中国国内自然人和法人所拥有的发明专利授权量所占比重不高，1990—2008 年都不足总授权量的 1/2，直到 2008 年开始这一比重才超过 50% 并迅速上升，2012 年国内发明授权已占总发明授权量的 66.2%，创历史新高（见图 4.10）。根据世界知识产权组织工业产权（WIPO）的统计数据，2002 年中国发明专利授权量居世界第 12 位，其中本国人拥有专利数只占总专利数的 27%，而美国的这一比值为 52%，日本为 91%，法国为 20%，韩国为 67%。特别与美、日两大科技强国相比，中国不仅发明专利授权总数只有美国的 12.8%、日本的 17.9%，而且其中本国人拥有的专利数分别不足二者的 1/14 和 1/18。到 2006 年，中国的发明专利授权量已上升至世界第四位，其中本国人拥有的专利数占总专利数的 47%，美国的这一比值为 51%，日本为 87%，法国为 80%，韩国为 74%。2007 年中国发明专利授权量只有日本的 41.2%、美国的43.2%、韩国的 54.9%，而且其中本国人拥有的专利数分别只有日本、美国和韩国的 22.1%、40% 和 34.8%。从 2008 年开始，中国发明专利总授权量一直排在全球第三位，国内发明授权占总发明授权量的比重也开始超过 50%，并在 2011 年达到了 2/3 的最高比重，本国人发明专利授权量的国际排名超过美国升至世界第二位。由此可见，尽管中国发明专利授权量增长较快,但和发达国家相比仍有差距,特别是本国人获得的发明专利数仍显不足。

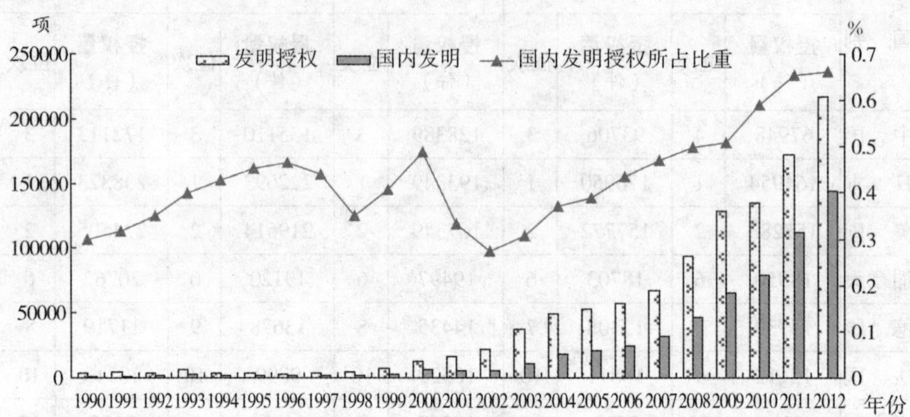

图 4.10　中国国内发明专利授权及其所占比重(1990—2012 年)

资料来源:根据各年的《中国科技统计年鉴》整理计算。

4.1.2.2　国际科技论文数①

科技论文的产出情况是测度一国科学技术发展水平的重要指标。科技论文作为科技活动产出的一种重要形式,不仅从一个侧面反映了一个国家基础研究、应用研究等方面的情况,而且在一定程度上也反映了一个国家的科技水平和国际竞争力。根据中国科学技术信息研究所发布的统计数据显示,2011 年中国机构作者为第一作者发表的国际论文共 14.36 万篇,其中 4.29万篇论文的被引用次数高于学科均线,即论文发表后的影响超过了其所在学科的一般水平。这些表现不俗的论文占论文总数的 29.8%,这一比例较 2010 年的 19.7%上升了约 10 个百分点,较 2009 年的 15.5%上升了约 14 个百分点。按文献类型分类,它们中 97%是原创论文,3%是述评类文章。可见,近年来中国科技论文的质量和国际影响力正逐年上升。

从科技论文发表的总量来看,2002—2012 年(截至 2012 年 11 月 1 日)中国科技人员共发表国际论文 102.26 万篇,位居世界第二,比 2011 年统计时增加了 22.3%,位次保持不变;论文共被引用 665.34 万次,排在世界第六

① 国际科技论文主要指 SCI、ISTP 和 EI 三个检索系统收录的中国科技人员发表的科技论文。这三个系统是指"科学引文索引""科学技术会议录索引"和"工程索引"(即 SCI - Science Citation Index、ISTP - Index to Scientific and Technical Proceedings、EI - Engineering Index)。

位,比上一年度统计时提升了一位。同时,根据统计结果,主要反映基础研究状况的科学引文索引(SCI)2011 年共收录中国论文 14.36 万篇,排名世界第二,占世界总量的 11.1%;而排在第一位的美国,其论文数量却是中国的 2.5 倍,占世界份额的 27.7%。反映工程科学研究情况的工程索引(EI)收录的期刊论文中,中国论文为 12.74 万篇,排名世界第一,占世界总量的 25.9%;科学技术会议录(CPCI－S)2011 年收录中国论文 5.17 万余篇,占世界总量的 17.6%,排名世界第二(见表 4.4)。不过,尽管中国 SCI 和 CPCI－S 的论文数均排名世界第二,但与排在第一位的美国相比差距较大,2011 年 SCI、ISTP 收录中国的论文数分别只有美国的 40.1% 和 64.4%。

表 4.4　中国与 G－7 国家国际科技论文数量和位次比较(2011 年)

国　别	SCI		EI		CPCI－S(原 ISTP)	
	万篇	排名	万篇	排名	万篇	排名
世界合计	151.60	–	47.89	–	30.06	–
中　国	14.36	2	12.74	1	5.17	2
美　国	41.94	1	9.26	2	8.16	1
日　本	8.76	5	3.20	3	1.65	5
英　国	11.83	3	2.47	5	1.68	4
德　国	10.92	4	2.88	4	1.79	3
法　国	7.62	6	2.25	6	1.18	6
意大利	6.52	7	1.54	11	1.04	7
加拿大	6.37	8	1.70	9	0.94	8

资料来源:中国科学技术信息研究所 2012 年度《中国科技论文统计与分析》。

此外,从论文的国际引用数量来看,1999—2009 年间发表科技论文累计超过 20 万篇以上的国家共有 14 个,按平均每篇论文被引用次数排序,中国排在第 12 位,其中有 8 个国家平均每篇论文被引用次数大于 10 次。2002—2012 年,中国国际科技论文平均每篇被引用 6.51 次,而世界平均值为 10.6 次。可见,尽管近年来中国科技论文引用排名持续上升,但中国平均每篇论文被引用次数仍与世界平均值存在较大差距,国际科技论文的质量有进一步提升的空间。

4.1.2.3 高技术产业及技术贸易

改革开放以来,中国高技术产业快速发展,国际竞争力日益增强。目前高技术产业已成为国民经济新的增长点,对促进产业结构调整、推动经济发展方式转变起到了重要作用。在国家相关政策引导和一批高技术研究成果的有力支撑下,中国以医药制造业、航空航天制造业、电子及通信设备制造业、电子计算机及办公设备制造业、医疗设备及仪器仪表制造业为代表的高技术产业保持快速增长,产业规模和出口总额均已跻身世界前列。2012 年规模以上高技术产业企业实现工业总产值创历史新高,突破了 9 万亿元,达到 97220 亿元,是 2000 年的 9.3 倍,2000—2012 年平均增长率约 20.7%(见表 4.5)。自 2003 年以来,中国高技术产业总产值占制造业总产值的比重持续下降,为 12.0%,尤其是金融危机以来,高技术产业占比下降幅度进一步加大,2012 年降至近年的最低点。

表 4.5 中国高技术产业及技术贸易发展情况(2000—2012 年)

年份	高技术产业总产值(亿元)*	占制造业的比重(%)	高技术产品出口额(亿美元)	占商品出口总额比重(%)	技术市场签订技术合同(万项)	技术合同成交金额(亿元)
2000	10411	13.9	370	14.9	24.1	651
2001	12263	14.5	465	17.5	23.0	783
2002	15099	15.4	679	20.8	23.7	884
2003	20556	16.1	1103	25.2	26.8	1085
2004	27769	15.8	1654	27.9	26.5	1334
2005	34367	15.8	2182	28.6	26.5	1551
2006	41996	15.3	2815	29.0	20.6	1818
2007	50461	14.3	3478	28.6	22.1	2227
2008	57087	12.9	4156	29.0	22.6	2665
2009	60430	12.6	3769	31.4	21.4	3039
2010	74709	12.3	4924	31.2	23.0	3907
2011	88434	12.1	5488	28.9	25.6	4764
2012	97220	12.0	6012	29.3	28.2	6437

注:* 为规模以上企业数据。

资料来源:中国科技统计网站(http://www.sts.org.cn/)与各年的《中国科技统计报告》。

同时,高技术产业的快速发展也带动了中国高技术产品进出口贸易的不断增长(见图4.11)。由于高技术产品具有高研发投入、高附加值的特点,高技术产品的产生与在国际市场上的占有率在一定程度上代表了一个国家的科技实力以及高技术产业化的能力。2012 年中国高技术产品贸易规模不断扩大,在产业结构调整中稳中有进,进出口贸易总额达 11080 亿美元,较上年增长9.6%,是1990 年的115 倍。其中出口额为6012 亿美元,较上年增长9.5%;进口额为5069 亿美元,较上年增长9.4%。同时,进出口贸易实现了由 1990 年逆差 42.8 亿美元到 2004 年顺差 41 亿美元的转变,并从 2004 年开始贸易顺差逐年递增,2012 年达到 943 亿美元,再创历史新高。高技术产品出口在中国对外贸易中的作用越来越明显,2012 年高技术产品出口占商品出口总额的份额为 29.3%,比 1990 年的 4% 增加了约 25 个百分点。

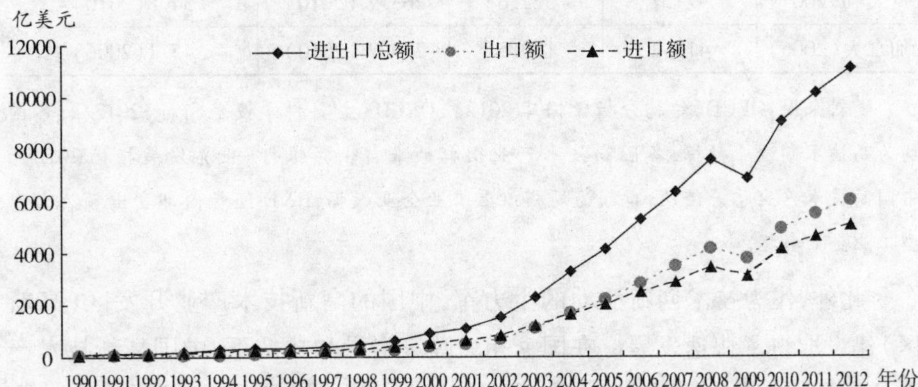

图 4.11　中国高技术产品进出口贸易概况(1990—2012 年)

资料来源:中国科技统计网站(http://www.sts.org.cn/)与各年的《中国科技统计报告》。

与发达国家相比,中国的高技术产业总产值近年来增长迅速,高技术产品的出口额也有很大发展,中国 2008 年的这两项指标均超过了 G-7 国家相近年份的数额。不过,中国高技术产业的 R&D 经费内部支出却明显落后于七国。2008 年中国高技术产业 R&D 经费内部支出 94.3 亿美元,只相当于美国 2006 年的 8.11%、日本 2006 年的 23.1%;到 2011 年中国的这一指标仍然偏低,仅为 191.6 亿美元,只有美国 2007 年 R&D 经费内部支出额的 15.6%、日本 2009 年的 40.5%(见表 4.6)。这说明,中国的高技术产业在保持高速发展的同时,仍有待进一步提高技术含量,特别应加大产业的 R&D

投入强度,以提高整个产业的技术密集程度。

表 4.6 中国与 G-7 国家高技术产业发展比较 单位:亿美元

国家	总产值	增加值	出口额	R&D 经费内部支出额
中国(2011)	13686.1	–	4060.9 (2010)	191.6(2011)
中国(2008)	8215.6	–	4533.8(2010)	94.3(2011)
美国(2009)	7276.9	3676.2	1455.0 (2010)	1223.7(2007)
日本(2008)	4582.4	1537.7	1220.5 (2010)	473.3(2009)
德国(2007)	2387.3	907.4	1585.1 (2010)	160.9(2007)
英国(2007)	1285.4	529.9	594.5 (2010)	100.5(2009)
法国(2007)	1812.6	405.2	997.4 (2010)	143.8(2007)
意大利(2007)	977.7	322.6	263.7 (2010)	34.8(2010)
加拿大(2006)	416.2	160.5	239.7 (2010)	45.1(2006)

资料来源:OECD《结构分析数据库 2012》、OECD《主要科学技术指标》2012/2;各国均为高技术制造业数据,各国高技术产业出口额来自世界银行《世界发展指标 2012》。中国高技术产业总产值、出口额为规模以上工业企业数据,R&D 经费内部支出额为大中型工业企业数据。

此外,作为技术创新活动的生力军,中国的高新技术产业开发区(高新区)建设取得了快速发展。在国家相关政策引导和扶持下,中国高新技术产业开发区建设不断推进,区内企业不断增加,区域集聚进一步加快,产业集群加速形成。至 2012 年年底,中国的国家级高新技术产业开发区已从 1990 年的 27 个发展到 105 个,区内企业数由 1600 多家发展到 6.6 万多家,2012 年实现营业总收入 16.7 万亿元。目前,高新技术园区和经济技术开发区已经成为中国高技术产业的重要集聚地,并将在经济发展中继续发挥辐射和带动作用。以 2011 年为例,全国高新区企业年末从业人员 1073.6 万人,其中,大专学历以上人员 548.0 万人,占 51.0%;具有中高级职称人员 137.1 万人,占 12.8%。2011 年全国高新区从事科技活动人员 174.4 万人,占从业人员总数的 16.2%,其中 R&D 人员和 R&D 研究人员分别为 91.4 万人和 34.7 万人,折合全时当量计,分别为 87.9 万人年和 33.4 万人年;高新区每万从业人员中 R&D 人员和 R&D 研究人员分别为 818.7 人年/万人和 311.1 人年/万人,分别是全国平均水平的 21.8 倍和 18.2 倍。同时,创新经费投入显著增加,2011 年全国高新区企业 R&D 经费内部支出 2269.0 亿元,占产品销售收入的 2.1%,占全国企业 R&D 经费支出的 34.7%,R&D 投入强度(R&D/GDP)为 5.45%,是全国平均水平的 2.98 倍。

以上对中国 1990 年以来技术创新活动的投入产出状况进行了详细分析,并选取 G-7 国家进行了国际比较。研究表明,改革开放 30 多年,中国政府高度重视并在财力上大力支持技术创新活动,使中国的自主创新能力不断提高,科技实力显著增强。然而,面对激励的国际竞争,中国与发达国家之间的技术差距依然不容轻视。首先,中国总体研发投入强度还不高,2012 年中国研发投入强度虽然达到了 1.98%,但与世界领先国家 3% 左右的水平相比仍有较大差距。其次,基础研究和应用研究支出所占比重偏低,与发达国家基础研究支出占 10% 以上和应用研究支出占 20% 以上的水平相比差距明显,这两项支出所占比重不高表明中国科技发展的根基还不够坚实,原始创新能力不足。最后,中国企业自主研发能力不足,水平不高,2009 年中国大中型工业企业中有发明专利授权的企业为 1893 家,仅占 4.7%;大中型工业企业共有授权发明专利 14277 件,约每 3 家企业有 1 件。因此,采取各种措施提高中国自主创新能力、建设创新型国家刻不容缓。

4.2 对外直接投资促进中国技术创新的模型设定与实证检验

以上详细分析了中国技术创新活动的投入产出情况,下面根据 2.3 节中构建的理论模型对中国基于对外直接投资的技术创新效应进行实证检验。

4.2.1 模型分析与指标选取

在 2.3 节中,本书已经分析了对外直接投资促进母国技术创新的机理,并提出了相关模型。这里基于 2.3 节中的理论分析作实证检验。本书希望通过实证分析得到的结果包括:第一,中国对外直接投资对国内的技术创新活动会带来正还是负的影响?第二,这种影响主要表现在国内的创新投入(研发资本存量)还是创新产出(专利授权量)上?第三,在讨论对外直接投资对国内创新产出的影响时,中国对外直接投资对发明专利授权量的影响程度与对专利授权总量的影响程度哪个更大?基于以上三个想法,本书分别以 R&D 的投入和产出作被解释变量，分别从投入和产出两个角度来研究对外直接投资与母国技术创新的关系。由此，建立两个模型来综合考察对外直接投资对母国的技术创新效应。

首先，以母国（投资国）的研发资本存量为被解释变量，以其通过到样本东道国的对外直接投资和吸引外商直接投资两种渠道溢出的国外研发资本存量为解释变量，建立模型来分析中国对外直接投资对母国研发投入的影响，即

$$\ln S_t^d = \omega_0 + \omega_1 \ln S_t^{f-ODI} + \omega_2 \ln S_t^{f-FDI} + \tau_t \tag{2.7}$$

通过对上述方程的实证检验，可以得到东道国的研发资本通过对外直接投资与吸引外商直接投资两种渠道各自对母国研发投入的影响系数。并且通过对计算出的回归系数进行比较，可以发现中国通过对外直接投资与吸引外商直接投资对中国研发投入的差别。

其次，以母国专利授权量为被解释变量，以其国内的研发资本存量、通过到样本东道国的对外直接投资和吸引外商直接投资两种渠道溢出的国外研发资本存量为解释变量，建立模型分析中国对外直接投资对母国研发产出的影响。不过这里需要分两步：①选取专利授权量（PG）作为母国研发产出的代理变量；②将式（2.8）中的专利授权量换成发明专利授权量（IPG）。由此，根据式（2.8）作实证分析：

$$\ln PG_t^d = \mu_0 + \mu_1 \ln S_t^{f-ODI} + \mu_2 \ln S_t^{f-FDI} + \mu_3 \ln \frac{RD_t}{GDP_t} + \sigma_t \tag{2.8}$$

通过对上述方程的实证检验，可以得到通过对外直接投资和吸引外商直接投资两种渠道溢出的国外研发资本存量对母国科技产出的影响系数。同样，通过对计算出的回归系数进行比较，可以考察是对外直接投资还是吸引外商直接投资更能促进母国的研发产出。此外，通过测度中国对外直接投资对发明专利授权量的影响程度，并对以上系数进行比较，可以发现中国对外直接投资对专利授权总量的影响程度大还是对发明专利授权量的影响大。

4.2.2 数据说明与实证检验

由于数据的可得性，这里采用中国 1987—2008 年的相关数据，对基于对外直接投资的技术创新效应进行模型检验与实证分析，东道国样本仍选取

前面的九个国家(地区)。基于前面对中国专利授权情况的分析,在中国的发明专利授权量中,国外自然人和法人获得的授权量占总授权量的年均比重为57.8%,因此为了准确考察中国对外直接投资和国内技术创新的关系,这里对于专利授权总量和发明授权量的数据只选取国内部分,即国内自然人和法人获得的专利授权总量与发明专利授权量,不包括国外的自然人和法人在中国获得的专利授权量。文中 *RD* 表示中国每年的研发经费支出,*ODI* 表示中国每年的对外直接投资流量,S_{jt}^{f-ODI} 已在第3章计算得出。所需数据主要根据各年的《中国统计年鉴》《中国科技统计年鉴》《国际统计年鉴》中国科技统计网站(www.sts.org.cn)以及UNCDA网站(http://www.uncda.org)计算所得。数据均已转换为1985年为基期的不变价格。实证检验所需的数据如表4.7所示。

表4.7 中国R&D、专利授权量等实证分析所需数据

年份	中国研发资本存量(亿美元,1985=100)	中国专利授权量(项PG)	中国发明专利授权量(项IPG)	S_{jt}^{f-ODI}(亿美元)	S_{jt}^{f-FDI}(亿美元)
1987	239.6416	6401	311	1.72742857	2.028800
1988	246.4806	11293	617	1.77759101	2.753769
1989	253.9430	15480	1083	2.16019134	2.724139
1990	258.1173	19304	1149	2.18451532	3.598509
1991	263.8502	21178	1311	2.20395709	3.423822
1992	271.6579	28311	1386	2.27047853	5.132582
1993	280.0201	56882	2606	2.34394370	13.375340
1994	280.6180	39777	1659	2.28854429	18.236100
1995	281.2363	41248	1530	2.26401987	23.015530
1996	282.9347	39725	1383	2.19544614	28.144750
1997	288.1434	46389	1532	2.16720153	33.390420
1998	294.8830	61378	1655	2.30942686	33.529720
1999	306.5614	92101	3097	2.44561650	31.183280
2000	325.9523	95236	6177	2.48117351	30.202550

续表

年份	中国研发资本存量（亿美元，1985 = 100）	中国专利授权量（项 PG）	中国发明专利授权量（项 IPG）	S_{jt}^{f-ODI}（亿美元）	S_{jt}^{f-FDI}（亿美元）
2001	349.7912	99278	5395	2.76735902	39.33369
2002	382.2764	112103	5868	4.51307092	42.71759
2003	422.2089	149588	11404	8.49996884	43.43999
2004	473.6801	151328	18241	11.21613580	45.21764
2005	539.7539	171619	20705	13.10546440	46.36596
2006	624.1526	223860	25077	16.71386990	39.70686
2007	730.6440	301632	31945	29.71421840	35.74599
2008	871.2896	352406	46590	46.28197370	41.60925

资料来源：根据各年的《中国统计年鉴》《中国科技统计年鉴》《国际统计年鉴》、中国科技统计网站（www.sts.org.cn）以及 UNCDA 网站（http://www.uncda.org）数据计算整理所得。

同样的，我们对上表中的数据取对数，以改善新时间序列的平稳性，并利用 Eviews 6.0 对有关变量进行 OLS 回归，回归结果如表 4.8 所示：

表 4.8　各变量的回归结果

解释变量	$\ln S^d$	$\ln PG$	$\ln IPG$
常数项 C	5.225631 （190.5018*）	14.07252 （6.763292*）	17.30603 （7.403786*）
$\ln S_{jt}^{f-ODI}$	0.341660 （28.72578*）	0.281885 （2.221986***）	0.388967 （2.734259**）
$\ln S_{jt}^{f-FDI}$	0.052381 （4.922059*）	0.441594 （4.900151*）	0.352388 （5.753256*）
$\ln RD$	–	0.972335 （2.432393***）	2.233980 （5.055131*）
$AR(1)$	0.896820 （4.922893*）	0.444780 （2.453360***）	–

续表

解释变量	$\ln S^d$	$\ln PG$	$\ln IPG$
$AR(2)$	-0.718865 (-3.940991*)	-	-
R^2	0.994290	0.978135	0.971613
Adjusted - R^2	0.992767	0.972669	0.966882
DW	1.732854	1.758634	1.262121
F 统计值	652.9475	178.9422	205.3626

注：*、**、***分别表示参数估计值在1%、5%、10%的水平上显著。

从上面的实证结果可以发现，中国的对外直接投资与吸引外商直接投资对国内的研发投入、专利授权量和发明专利授权量具有一定的影响。通过比较回归系数可以得到以下结论：

(1)中国通过对外直接投资渠道获得的外国研发资本溢出对国内研发投入有正面影响，影响系数为0.34166，即对外直接投资每增加1%，国内研发资本增加0.34166%；对国内技术创新的产出能力也有积极影响，对专利授权量的影响系数为0.281885，对发明专利授权量的影响系数为0.388967。

(2)中国通过吸引外商直接投资渠道获得的外国资本研发溢出对国内研发投入也带来了正效应，影响系数为0.052381，即吸引外商直接投资每增加1%，国内研发资本增加0.052381%；对国内技术创新的产出能力也有积极影响，对专利授权量的影响系数为0.441594，对发明专利授权量的影响系数为0.352388。

(3)尽管对外直接投资与吸引外商直接投资都给母国的研发投入与产出带来了正效应，但是它们的影响有差别。根据本书的实证结果，中国对外直接投资对国内研发投入与产出的影响要稍大于吸引外商直接投资，这一点与已有的部分研究结果不同。

与已有部分研究结论不一致的是，本书的检验结果表明，中国尽管是吸引外资大国，但基于吸引外资的技术进步效应却不及对外直接投资。究其原因，我们认为，一方面，中国尽管吸引了大量的外商直接投资，但是外资企业为了保持其技术领先优势，不会将其核心技术扩散到中国，而且中国吸引外商直接投资大多属于劳动密集型投资，引进技术含量的整体水平不高；另一方面,尽管中国对外直接投资相对吸引外资而言,起步较慢,但发展速度较快,且国内企业要想在东道国的对外直接投资中获得成功,就必须不断增加研发投入与产出,从而保持技术上的优势。不过值得一提的是,无论是吸引外资还是对外投资,二者对中国发明专利授权量的影响都偏小,影响系数都只有0.35左右。

4.3 对外直接投资影响中国区域创新能力的经验分析

4.3.1 中国区域创新能力与对外直接投资分布

受中国区域经济发展的影响,中国的地方对外直接投资与区域创新能力也呈现出明显的地区差异性。根据2012年度的《中国对外直接投资统计公报》,中国地方非金融类对外直接投资存量首次突破千亿美元大关,达到1240.6亿美元,同比增长4.7%。其中,东部地区970.6亿美元,占78.2%;西部地区158.3亿美元,占12.8%;中部地区111.7亿美元,占9%。为考察中国对外直接投资的地区分布及其区域创新能力,本书在参考《中国区域创新能力报告2012》研究结果的基础上进行分析。《中国区域创新能力报告2012》采用各地区创新能力的相关指标进行聚类分析,并按照创新能力超强、强、较强、较弱、弱五个等级对中国区域创新能力进行了划分,将中国的31个省、直辖市、自治区分为五类(港澳台除外)。由于暂时无法获得西藏对外直接投资的全部数据,这里的研究不包括西藏,即把第一、二、三类地区合并为一个类别,分为高创新能力地区(包括江苏、广东、北京、上海、浙江和山东)、中创新能力地区(包括天津、辽宁、安徽、湖南、湖北、四川、重庆、陕西、河北、福建、内蒙古和河南)和低创新能力地区(包括黑龙江、江西、海南、广西、贵州、吉林、山西、新疆、甘肃、云南、青海和宁夏)。其中,高创新能力地区对外投资750.6亿美元,占全国比重为60.82%;中创新能力地区对外投资309.9亿美元,占比25.11%;低创新能力地区对外投资173.6亿美元,占比14.7%。可见,高创新能力地区所包含的省市区个数虽然只有低创新能力地区的一半,但其对外直接投资的总存量却是低创新能力地区的四倍以上。

从中国地方对外直接投资的规模来看,地方对外投资存量逐渐增加。

截至2012年,广东是中国对外直接投资存量最大的省份,上海排第二,山东、浙江、江苏、北京、辽宁、湖南、海南、福建依次排后;而且,广东对外直接投资额累计为251.76亿美元,是上海的1.8倍、福建的7.8倍。同时,通过对比图4.12和高创新能力地区包含的省、市、区,可以看到,2012年年末对外直接投资存量前十位的省市区中,高创新能力地区占六个,中创新能力地区占三个,低创新能力地区仅仅只有海南省。可见,中国地方对外直接投资分布不仅不均衡,而且差距较大。

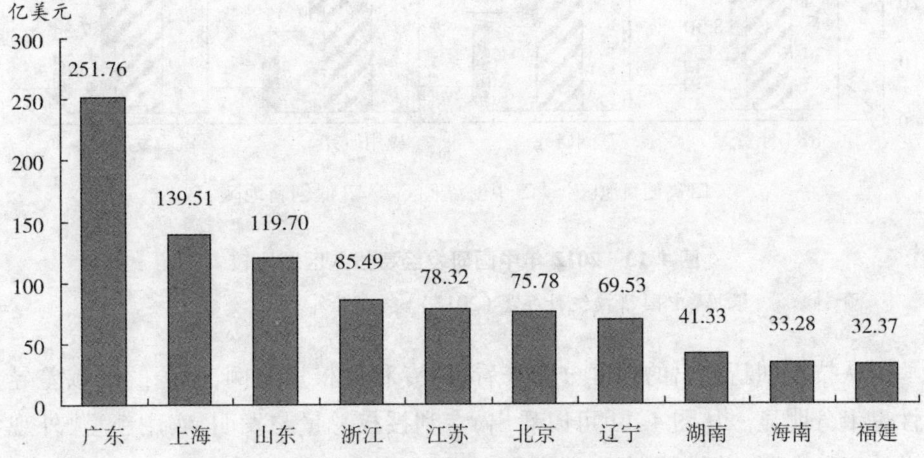

图4.12 2012年中国对外直接投资存量前十位的地区

资料来源:根据各年的《中国对外直接投资统计公报》《中国科技统计年鉴》整理计算。

从研发经费投入的地区分布来看,由于经济发展水平、地理位置、资源禀赋、政府政策等多方面的差异,中国各个区域的创新投入存在很大的差异。图4.13揭示了2012年中国R&D经费支出在高创新能力、中创新能力和低创新能力三大区域的分布情况。尽管高创新能力地区包含的省市区数量仅为全国的1/5,但是其研发经费支出却占到了总额的58.4%;而低创新能力地区包含的省市区数量虽占了全国的2/5,但是其研发经费投入只有全国的8.3%,不足高创新能力地区的15%。同时结合研发经费的支出类型来看,各地区用于基础研究、应用研究与试验发展活动的支出比例差异明显,其中,高创新能力地区在以上三种活动中的支出比重分别占全国的56.2%、51.6%和59.4%,而低创新能力地区所占比重基本在10%,中创新能力地区所占比重大致保持在30%左右。

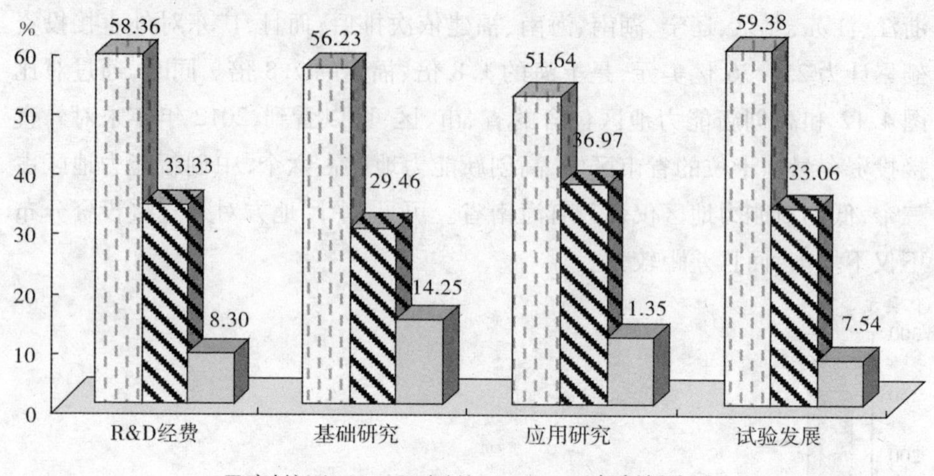

图4.13　2012年中国研发经费投入区域比较

资料来源:根据《中国科技统计年鉴(2013)》整理计算。

从技术创新产出的地区分布来看,以专利授权量为例,中国的区域差异性也十分明显。从图4.14可以看出,专利授权总量与发明、实用新型、外观设计三种专利的授权量在中国高、中和低创新能力地区分布并不均衡,且呈明显的阶梯状分布。2012年,高、中、低创新能力地区的专利授权总量分别占全国总量的67.8%、24.5%和5.9%,高创新能力地区的专利授权量分别是中、低创新能力地区的2.8倍和11.5倍。同时,高创新能力地区发明、实用新型和外观设计三种形式专利的授权量分别占总授权量的61.8%、60.4%和79.2%;中创新能力地区各占25.9%、31.1%和15.8%;低创新能力地区各占7.5%、6.8%和4.3%。

4.3.2　ODI影响区域创新能力的实证研究

本部分继续借鉴CH和LP模型,构建一个以专利授权量为被解释变量、以研发资本和人力资本投入为解释变量的模型研究ODI对中国区域创新能力的影响。这里为了更好地比较中国“引进来”和“走出去”两种对外开放政策的不同影响,将通过FDI和ODI两种渠道溢出的国外资本同时纳入研究框架,由此,可建立如下模型:

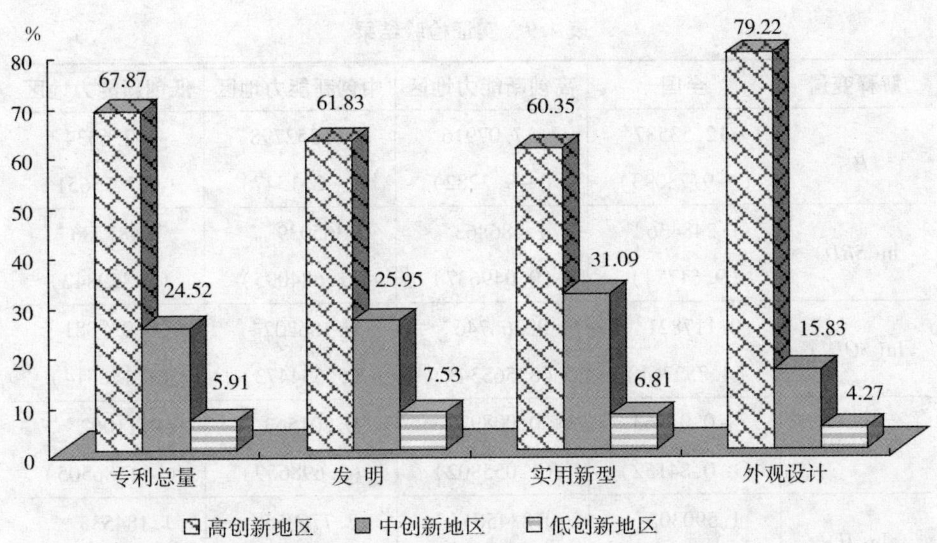

图 4.14 2012 年中国专利授权区域比较

资料来源:根据《中国科技统计年鉴(2013)》整理计算。

$$\ln P_{it} = \mu + \beta_1 \ln SRD_{it} + \beta_2 \ln SODI_{it} + \beta_3 \ln SFDI_{it} + \beta_4 \ln H_{it} + \sigma_{it} \quad (4.1)$$

其中,P 是专利授权量,代表中国创新产出能力,数据来源于各年度的《中国科技统计年鉴》。SRD_{it}^{d} 代表 i 省 t 时期的研发资本存量,计算方法同中国每年研发资本存量。$SODI_{it}$ 和 $SFDI_{it}$ 分别代表 i 省在 t 时期通过对外直接投资渠道和吸引外商直接投资两种渠道溢出的国外研发资本存量,计算方法同全国的算法,数据来源于各年度《国际统计年鉴》《中国统计年鉴》《中国科技统计年鉴》《中国对外直接投资统计公报》以及 OECD 数据库。H_{it} 代表 i 省 t 时期的人力资本存量,这里采用平均受教育年限法来计算,即将中国的受教育程度分为小学、初中、高中和大专及以上四个级别,其对应的年限分别设为 6 年、9 年、12 年和 16 年,人力资本存量 H 即为各级教育年限的加权平均,数据来源于历年《中国劳动统计年鉴》。μ 代表常数项,σ_{it} 代表随机干扰项。

考虑到对外直接投资区域数据的获取性,本部分选取 2003—2011 年中国 30 个省市区,按照高、中、低创新能力进行分区后展开分析。由于属于高创新能力地区的省市比较少,为了减少样本中可能存在的序列相关和异方差问题,回归时采用似不相关回归(SUR)方法进行检验,其结果如表 4.9 所示。

表 4.9　实证检验结果

解释变量		全国	高创新能力地区	中创新能力地区	低创新能力地区
μ		-12.53587*	-17.07916*	-6.352798*	-12.6334*
		(-9.78093)	(-9.2282)	(-3.1547)	(-7.53651)
ln(*SRD*)		1.248436*	1.486863*	0.365039***	1.487286*
		(9.64754)	(9.049637)	(1.684095)	(8.329842)
ln(*SODI*)		0.117821*	0.266746*	0.186202*	0.038881
		(4.852761)	(8.565347)	(5.534473)	(1.178514)
ln(*SFDI*)		-0.02063	0.008922	0.201563*	-0.11062***
		(-0.84152)	(1.055802)	(2.698659)	(-1.86505)
ln(*H*)		1.590303*	0.834561**	2.776055*	1.184535**
		(3.531689)	(2.027931)	(3.694984)	(2.314469)
调整后 R^2		0.970974	0.991703	0.906661	0.958027
F 统计值		273.6848	704.8349	70.29049	163.8167
残差单位根检验	LLC	-9.34518	-3.46411	-6.39662	-7.99515
	ADF	185.079	31.061	75.1603	86.6366
	PP	173.821	28.9554	74.7147	73.0169

注：*、**、***分别表示在1%、5%和10%的水平上显著，括号内为 t 统计量。

从表 4.9 的实证结果可以看出，调整后的可决系数都比较大，F 统计量都通过了显著性检验，表明模型整体效果较好。根据实证的回归结果，我们可以得出以下结论：

首先，对外直接投资对高创新能力地区和中创新能力地区的技术创新存在显著的逆向技术溢出效应，而对低创新能力地区的影响则不显著。从影响程度来看，ODI 逆向技术溢出对高创新能力地区的影响最大，通过 ODI 溢出的国外 R&D 资本存量每增加 1%，以专利授权量为表征的地区创新能力将提高 0.2667%，远远高于全国平均水平（0.1178%）；对中创新能力地区次之，但也高于全国平均水平；对低创新能力地区的影响最小，且不显著。可见，对外直接投资的技术创新效应确实存在，且存在明显的区域差异。另一方面，吸引外商直接投资对中创新能力地区的技术创新存在显著的促进作用，且影响程度略大于对外直接投资的影响，而 FDI 对低创新能力地区的技术创新存在显著的抑制作用,对高创新能力地区的影响则比较小,且不显著。

其次,三大地区的研发资本存量都对本区域的创新能力产生了明显的促进作用。从影响的大小来看,研发资本存量对低创新能力地区的影响最大,高创新能力地区次之,中创新能力地区最小。与对外直接投资和吸引外商直接投资的国际技术外溢渠道相比,各地区的研发资本存量对其创新能力的影响都要大于前者。这表明自主创新仍是提高当地创新能力的主要动力。此外,人力资本存量对高、中、低创新能力地区的技术创新能力产生了显著的正面影响,对中创新能力地区的影响最大,低创新能力地区次之,高创新能力地区最小。

4.4 本章小结

本章在第 3 章分析中国对外直接投资发展状况及其逆向技术外溢效应的基础上,考察了中国技术创新活动投入产出的现状以及基于对外直接投资的技术创新效应。通过大量的图表与实证分析,本章有如下结论:

第一,通过 R&D 经费支出总额、R&D 经费活动类型、R&D 经费执行部门、从事 R&D 活动人员与国家财政科技与教育支出等方面,本章对中国与 G－7国家的研发投入状况进行了比较。结果发现,中国 R&D 经费尽管呈逐年递增趋势,但总体研发投入强度不高,占 GDP 的比重和人均 R&D 支出仍处于较低水平;中国 R&D 经费在基础研究与应用研究领域投入的比重偏低,特别是探索与发现新知识的基础研究投入甚少;中国高校 R&D 经费偏少,研发结构 R&D 经费支出比重较大;中国 R&D 活动人员密度较小,与巨大的人口基数不相协调;国家财政科技与教育支出占 GDP 比重偏低,人均财政科技与教育支出更少。

第二,通过专利申请与授权量、国际科技论文数、高技术产业与技术贸易的发展情况等方面,对中国与 G－7 国家的研发产出状况进行了比较。结果表明,目前中国专利的授权量基本只有申请量的一半左右,授权的三种专利中,发明专利的授权量过少是最突出的特点,且国内自然人和法人所拥有的发明专利授权量所占比重不高,不足总授权量的 1/2;中国的国际科技论文质量仍有进一步提升的空间,论文平均每篇被引用次数只有世界平均值的一半;中国高技术产业的 R&D 经费内部支出较低,产品技术含量有待提高,技术贸易有待进一步发展。

第三,通过研发投入和产出两个角度,综合考察了对外直接投资对母国的技术创新效应。检验结果表明,中国对外直接投资对国内的技术创新活动带来了正的影响,且大于吸引外商直接投资对国内研发投入与发明专利授权量的影响程度;对外直接投资对国内创新活动产出(专利授权量)的影响略大于其对创新活动投入(研发资本存量)的影响;中国对外直接投资对发明专利授权量的影响程度大于其对专利授权总量的影响程度。这说明,中国的对外直接投资能够给母国带来技术创新效应,是中国获取国外先进技术外溢的重要渠道。

第四,运用中国 2003—2011 年 30 个省、直辖市、自治区的面板数据考察了对外直接投资对中国区域创新能力的影响。研究发现,中国对外直接投资具有明显的地域集中性,投资主要分布在高创新能力地区;通过对外直接投资溢出的国外研发资本显著地促进了中国创新能力的提高,但存在显著的区域差异;对外直接投资溢出效应对高创新能力地区影响最大,对中创新能力地区的影响程度次之,但高于全国平均水平,而对低创新能力地区的影响最小。

5 中国对外直接投资技术进步效应的影响因素分析

已有文献表明，国内外学者已经对一国对外直接投资能否产生逆向技术外溢效应、能否促进本国整体技术水平展开了一些讨论，他们的研究成果虽然还没有形成一个统一的理论分析框架，但对于这类经济现象的研究具有十分重要的意义。对外直接投资逆向技术溢出效应的提出肯定了技术的双向流动，鼓励发展中国家企业突破发达国家对核心技术的控制，使发展中国家企业能够以较低的成本寻求创新期和成熟期较先进的技术。已有研究虽然对对外直接投资的逆向技术外溢效应进行了一些机理分析与实证检验，但是缺乏对对外直接投资逆向技术溢出影响因素的深入分析，目前只有少量文献涉及了这方面的研究。欧阳艳艳（2010）分析了中国对外直接投资逆向技术溢出的十个影响因素，实证检验结果表明，东道国的研发资本存量、人均国民收入和中国的 GDP 是影响中国对外直接投资逆向技术溢出的三大因素，中国对外直接投资寻求逆向技术溢出主要还是企业的要求和行为。刘明霞（2010）分析了国内外技术差距对中国对外直接投资逆向技术溢出效应的影响，研究发现，中国与西方发达国家的技术差距影响对外直接投资的逆向技术溢出。因此，本书有必要对主要影响因素进行详细分析。

世界银行发布的《2008 年全球经济展望：发展中国家的技术扩散》考察了发展中国家的技术现状以及 20 世纪 90 年代早期以来技术进步的进展，提出发展中国家的技术扩散不仅取决于其获得外国技术的途径（通过贸易、外商直接投资、国际移民和其他网络），而且取决于其吸收技术的能力（由政府政策和制度的质量、人力资本存量、研发和金融系统组成）。作为世界上最大的发展中国家，这个报告对中国的技术进步具有很好的借鉴意义。一方面，获得技术的途径不仅包含已经获得广泛关注的国际贸易与吸引外商直接投资,还应该包括对外直接投资,这已经被越来越多的发展中国家的资本流出所证实。另一方面,良好的技术吸收能力是发展中国家(甚至可以说是任何国家)获取国外先进技术外溢的必要条件,一国只有具备一定的技术消化吸收能力,才有可能实现真正的技术承接,从而实现自主再创新。有鉴于此,参考已有研究成果,本书将从东道国和母国两个视角分别阐述影响对外直接投资技术进步效应的相关因素及其作用机理。

本章将关于对外直接投资技术进步效应的主要影响因素归类于东道国和母国的做法,是本书区别于已有文献的主要表现。已有文献大都是列举几个影响因子,或者只从技术吸收能力的角度展开实证分析。本书不仅分析了母国的技术吸收能力、实际有效汇率和金融发展水平,还考察了东道国的技术创新能力、经济发展水平和对外开放程度等因素对中国技术进步效应的影响。

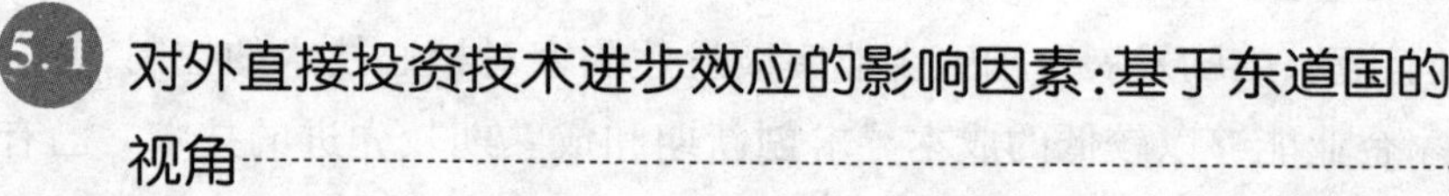

5.1 对外直接投资技术进步效应的影响因素:基于东道国的视角

前面2.4.1节从东道国的视角详细分析了影响对外直接投资技术进步效应的相关因子并构建了理论模型,本节在此基础上,以选取的九个国家和地区为例进行实证检验。如前所述,本书参考已有文献并根据所收集到的相关资料,把关于东道国的主要影响因子归结为东道国的技术创新能力、经济发展水平、对外开放程度三个方面,并分别用研发资本存量、专利授权量、人均国内生产总值、外贸依存度与外资依存度等指标作为代理变量。然后,分别用它们和ODI的交互项来考察这些因素对中国对外直接投资技术进步效应的影响程度。

5.1.1 基于东道国技术创新能力的影响

理论上,东道国的技术创新能力越强,母国才越有可能通过对外直接投资获得技术外溢。这里通过实证分析来考察九个样本国家和地区的技术创新投入和产出对中国技术进步的影响。本节仍然用东道国的研发资本存量S_j^d、专利授权量PG_j分别作为技术创新投入、产出的代理变量。下面根据式(2.10)至式(2.11)构建如下模型:

$$\ln TFP_{it} = \xi_0 + \xi_1 \ln \sum_{j=1}^{9} (ODI_{jt} \times S_{jt}^{d}) + \sigma_t \quad (5.1)$$

$$\ln TFP_{it} = \xi_2 + \xi_3 \ln \sum_{j=1}^{9} (ODI_{jt} \times S_{jt}^{f-PG}) + \sigma_t \quad (5.2)$$

$$S_{jt}^{f-PG} = \sum_{j=1}^{9} (\frac{RD_{jt}}{PG_{jt}} \times CPG_{jt}) / GDP_{jt} \times S_{jt}^{d} \quad (5.3)$$

其中，S_{jt}^{f-PG} 表示东道国 j 国(地区)t 时期在中国的专利申请授权所带来的技术溢出，即国外专利授权溢出的国外研发存量。式(5.2)参照了李平(2007)的做法，但将其中的发明专利申请量改为专利授权量。RD_{jt}表示 j 国在 t 时期的研发经费支出，PG_{jt}表示 j 国在 t 时期的专利授权数，RD_{jt}/PG_{jt}表示 j 国 t 时期每项专利授权中投入的研发经费，CPG_{jt}表示 j 国 t 时期在中国的专利申请授权数，S_{jt}^{d} 表示 j 国在 t 时期的研发资本存量，$\frac{RD_{jt}}{PG_{jt}} \times CPG_{jt}$ 则表示 j 国流入中国的专利授权的价值。

以上变量的部分数据已在前面的分析中获得，如中国的全要素生产率 TFP、中国历年到样本国的对外直接投资存量 ODI_{jt}，样本东道国(地区)的研发资本存量 S_{jt}^{d}，样本国历年的研发经费支出 RD_{jt}，样本国历年的国内生产总值 GDP。东道国 j 国(地区)t 时期在中国的专利授权量 CPG_{jt} 摘自各年的《中国统计年鉴》(见表5.1)。东道国 j 国(地区)在 t 时期的专利授权总数 PG_{jt}来自世界知识产权组织(WIPO)《工业产权统计》数据库。由于各国相关指标部分年份的数据无法获得，本节选取1990—2008年的相关数据进行实证检验，分析过程全部采用对数形式。

表5.1　东道国(地区)在中国的专利授权量　　单位：项

年份	美国	英国	加拿大	澳大利亚	中国香港	德国	新加坡	日本	韩国
1990	1017	177	775	113	312	37	3	18	38
1991	973	217	880	106	369	43	3	9	41
1992	852	279	810	100	327	38	6	38	39
1993	1304	636	1357	188	368	52	8	128	60
1994	841	559	840	112	264	27	5	127	45
1995	1046	633	886	90	202	24	10	152	52
1996	1298	612	813	109	222	27	25	140	43

续表

年份	美国	英国	加拿大	澳大利亚	中国香港	德国	新加坡	日本	韩国
1997	1864	726	1044	129	263	33	24	182	46
1998	2599	794	1418	243	470	38	54	330	58
1999	3012	1106	1905	285	674	57	16	427	82
2000	3594	1258	2332	304	871	100	24	608	82
2001	5577	1026	3116	370	1494	94	34	1024	137
2002	7817	1185	4259	465	1767	115	21	1703	172
2003	12674	1565	6835	808	2977	197	66	2693	211
2004	16356	1495	7824	787	3379	244	73	2865	251
2005	18418	1669	7595	885	3709	270	99	3273	382
2006	19626	1881	7739	862	3503	237	115	3874	360
2007	21123	2106	9709	918	4064	335	123	4373	431
2008	26370	1892	11195	1000	4729	443	140	5605	451

资料来源：摘自各年的《中国统计年鉴》。

5.1.2 基于东道国经济发展水平的影响

前面已经分析了东道国的经济发展水平既是东道国经济规模的体现，也是东道国购买力的表现形式。发达国家的经验表明，一国经济发展水平越高，其研发经费投入就越大，从而研发资本存量越充足。因而根据式(2.12)构建模型(5.4)以对选取的样本国进行实证分析，考察九个样本国家和地区的经济发展水平对中国技术进步的影响：

$$\ln TFP_{it} = \lambda_0 + \lambda_1 \ln \sum_{j=1}^{9} (ODI_{it} \times PGDP_{jt}) + \sigma_t \qquad (5.4)$$

这里用东道国的人均国内生产总值 $PGDP_{jt}$ 表示该国的经济发展水平，用它与 ODI 的交互项表明它通过 ODI 对母国技术进步的影响程度。东道国的人均国内生产总值 $PGDP_{jt}$ 来自世界银行 WDI 数据库(见表 5.2)，实证分析时将其转化为以 1985 年为基期的美元价。

表5.2 东道国(地区)的人均国内生产总值 单位:美元

年份	美国	英国	加拿大	澳大利亚	中国香港	德国	新加坡	日本	韩国
1985	17589	8209.8	13712	11530	6512.1	9123.6	6485.1	11297	2367.8
1986	18427	10064	14077	11448	7405.3	13026	6588.9	16634	2702.6
1987	19394	12333	15877	11709	9027.3	16139	7412.9	20056	3367.5
1988	20698	14951	18523	14440	10591	17352	8932.2	24231	4465.7
1989	22039	15057	20290	17952	12091	17191	10275	24145	5438.3
1990	23054	17688	20968	18431	13478	21584	12091	24754	6153.1
1991	23493	18387	21234	19091	15444	22604	13768	28121	7122.7
1992	24527	18960	20320	18805	17930	25577	15388	30557	7555.3
1993	25448	16998	19549	17861	20328	24699	17552	34930	8219.9
1994	26719	18328	19390	18288	22458	26330	20672	38244	9525.4
1995	27638	19944	20117	20534	23429	30901	23916	41968	11468.0
1996	28894	20966	20685	22045	24701	29770	25214	36916	12249.0
1997	30364	23304	21260	23636	27170	26326	25255	33800	11235.0
1998	31687	24893	20390	21443	25507	26625	20982	30512	7462.8
1999	33332	25605	21681	20618	24716	26114	20868	34495	9554.4
2000	35081	25089	23560	21768	25374	23114	23019	36789	11347.0
2001	35898	24885	23017	19597	24812	22967	20700	32210	10655.0
2002	36797	27172	23425	20214	24285	24445	21152	30745	12094.0
2003	38196	31238	27335	23547	23559	29588	22651	33113	13451.0
2004	40309	36782	31012	30569	24454	33269	26319	36051	15029.0
2005	42534	37859	35088	34128	26092	33811	29401	35627	17551.0
2006	44663	40251	39162	36203	27699	35429	32960	34148	19707.0
2007	46627	45901	43185	40660	29898	40468	38523	34264	21653.0
2008	47209	43361	45003	48499	30834	44264	39950	38268	19162.0

资料来源:摘自世界银行 WDI 数据库(http://data.worldbank.org/)。

5.1.3 基于东道国对外开放程度的影响

理论上,东道国的对外开放程度也是影响母国获取逆向技术外溢效应的重要因素,东道国经济越开放,该国技术溢出效应的机会就越多,从而母国越有可能从东道国获得技术外溢。我们选取了东道国的外贸依存度和外资依存度两个指标来衡量各国的对外开放程度。分别用各国的进出口总额占 GDP 的比重、FDI 流量总额占 GDP 的比重,作为外贸依存度(用 *FTD* 表示)和外资依存度(用 *FID* 表示)的代理变量。由此,根据式(2.13)、式(2.14)构建模型(5.5)、模型(5.6)以对选取的东道国进行实证分析,考察九个样本国家和地区的对外开放程度对中国技术进步的影响:

$$\ln TFP_{it} = C_0 + \lambda_4 \ln \sum_{j=1}^{9} (ODI_{it} \times FTD_{jt}^{f}) + \sigma_t \tag{5.5}$$

$$\ln TFP_{it} = C_0 + \lambda_5 \ln \sum_{j=1}^{9} (ODI_{it} \times FID_{jt}^{f}) + \sigma_t \tag{5.6}$$

这里分别用东道国的外贸依存度、外资依存度与 ODI 的交互项表明东道国通过 ODI 对母国技术进步的影响程度。样本国家(地区)的外贸依存度用各国的进出口总额占国内生产总值的比重表示,具体数据如表 5.3 所示。

表 5.3 东道国(地区)的外贸依存度

年份	美国	英国	加拿大	澳大利亚	中国香港	德国	新加坡	日本	韩国
1985	0.1688	0.5775	0.5460	0.3353	2.0533	0.5726	3.2251	0.2659	0.7073
1986	0.1727	0.5291	0.5482	0.3237	2.1089	0.5105	3.1230	0.1979	0.6756
1987	0.1818	0.5247	0.5221	0.3138	2.3118	0.4957	3.4455	0.1887	0.7091
1988	0.1929	0.5027	0.5316	0.3100	2.5298	0.5009	3.7436	0.1865	0.6749
1989	0.1967	0.5198	0.5070	0.3279	2.5117	0.5319	3.6241	0.2023	0.6102
1990	0.2012	0.5155	0.5082	0.3278	2.5606	0.5228	3.6385	0.2127	0.5836
1991	0.2008	0.4795	0.5019	0.3289	2.6632	0.5190	3.4100	0.1960	0.5666
1992	0.2036	0.4900	0.5399	0.3434	2.7606	0.4792	3.2212	0.1879	0.5506
1993	0.2056	0.5204	0.5960	0.3605	2.6912	0.4389	3.2261	0.1725	0.5326
1994	0.2157	0.5411	0.6632	0.3648	2.7218	0.4544	3.3328	0.1740	0.5486

续表

年份	美国	英国	加拿大	澳大利亚	中国香港	德国	新加坡	日本	韩国
1995	0.2305	0.5683	0.7065	0.3824	2.9191	0.4709	3.4246	0.1825	0.5932
1996	0.2337	0.5888	0.7150	0.3798	2.7676	0.4871	3.2851	0.2050	0.5930
1997	0.2402	0.5737	0.7558	0.3868	2.5935	0.5363	3.1693	0.2226	0.6474
1998	0.2346	0.5531	0.7933	0.4040	2.4890	0.5589	3.1015	0.217	0.7924
1999	0.2408	0.5520	0.8188	0.3980	2.5585	0.5845	3.3656	0.2008	0.7757
2000	0.2604	0.5817	0.8307	0.4263	2.8253	0.6609	3.5340	0.2219	0.7387
2001	0.2384	0.5795	0.8036	0.4366	2.7943	0.6877	3.4694	0.2202	0.7280
2002	0.2296	0.5613	0.7751	0.4257	2.9775	0.6735	3.4212	0.2313	0.6889
2003	0.2344	0.5423	0.7141	0.3763	3.3208	0.6701	3.7389	0.2446	0.7280
2004	0.2536	0.5405	0.7052	0.3813	3.7036	0.7093	4.2376	0.2710	0.8319
2005	0.2679	0.5588	0.7114	0.4301	3.8467	0.7553	4.4119	0.2951	0.7633
2006	0.2825	0.6026	0.6859	0.4491	3.9926	0.8293	4.5575	0.3363	0.7860
2007	0.2930	0.5523	0.7124	0.4673	4.0375	0.8569	4.2655	0.3622	0.8274
2008	0.3090	0.5916	0.7282	0.4698	4.1169	0.8623	4.4739	0.3776	1.0987

资料来源:各国的进口额、出口额数据来自联合国贸发会议(UNCTAD)数据库。

样本国家(地区)的外资依存度用各国的FDI流量总额占国内生产总值的比重表示,具体数据如表5.4所示。

表5.4 东道国(地区)的外资依存度

年份	美国	英国	加拿大	澳大利亚	中国香港	德国	新加坡	日本	韩国
1985	0.4868	1.2231	0.3858	1.2089	−0.7521	0.1235	5.9168	0.0452	0.2163
1986	0.8120	1.4550	0.7734	2.9505	4.6158	0.2291	9.4845	0.0121	0.3755
1987	1.2601	2.1047	1.9250	2.3866	12.384	0.1683	13.7090	0.0487	0.4124
1988	1.1502	2.4262	1.2295	3.0836	8.3538	0.0858	14.2430	−0.0165	0.4341
1989	1.2611	3.3271	1.0819	2.6283	2.9687	0.5117	9.4863	−0.0360	0.3069
1990	0.8364	3.0255	1.3012	2.7305	4.2595	0.1728	15.1070	0.0598	0.2761
1991	0.3812	1.4119	0.4816	0.8114	1.1492	0.2614	11.3150	0.0372	0.3525
1992	0.3040	1.4192	0.8151	1.5781	3.7377	−0.1013	4.4209	0.0731	0.1649

续表

年份	美国	英国	加拿大	澳大利亚	中国香港	德国	新加坡	日本	韩国
1993	0.7626	1.5119	0.8394	1.6905	5.7764	0.0184	8.0307	0.0049	0.1447
1994	0.6387	0.8733	1.4534	1.2586	5.7756	0.3324	12.1090	0.0187	0.1802
1995	0.7955	1.7280	1.5673	3.4765	4.3080	0.4767	13.7440	0.0008	0.2357
1996	1.0814	2.0020	1.5696	1.0914	6.5801	0.2695	10.461	0.0049	0.3461
1997	1.2451	2.4450	1.8078	1.9381	6.4477	0.5667	14.3460	0.0757	0.4908
1998	1.9930	5.1049	3.6972	2.0636	8.8461	1.1258	8.8762	0.0828	1.4086
1999	3.0575	5.8549	3.7420	0.5764	15.0520	2.6160	20.0670	0.2917	2.1285
2000	3.1930	8.0381	9.2142	3.9068	36.6230	10.4340	17.7790	0.1783	1.6880
2001	1.5716	3.5774	3.8666	2.899	14.2720	1.3969	17.6130	0.1524	0.8097
2002	0.7100	1.4907	3.0158	3.5433	5.9115	2.6536	7.2477	0.2358	0.5901
2003	0.4837	0.9016	0.8641	1.7250	8.6098	1.3254	12.8120	0.1495	0.6811
2004	1.1598	2.5459	-0.0449	6.4315	20.5180	-0.3711	19.1720	0.1697	1.2462
2005	0.8418	7.7288	2.2681	-3.2817	18.9150	1.7005	12.7820	0.0610	0.8351
2006	1.7957	6.4216	4.6737	3.9424	23.7160	1.9101	20.8770	-0.1491	0.5129
2007	1.9224	6.6509	7.5830	4.8003	26.2300	2.3082	21.4300	0.5148	0.2505
2008	2.2866	3.4313	3.6793	4.5946	27.6590	0.6695	5.9975	0.4974	0.9050

资料来源：数据来自联合国贸发会议(UNCTAD)数据库。

5.1.4 实证检验与结果说明

下面运用以上相关数据，考察东道国的各个影响因素对中国基于对外直接投资技术进步效应的影响程度。根据上面的公式，分别引入 ODI、S_i^d、PG、$PGDP$、FTD、FID 等 6 个代表性因素，回归得到模型 1-6，具体结果如表 5.5 所示。从回归结果来看，6 个模型的可决系数与调整后的可决系数都较大，说明模型的模拟效果较好。根据表 5.5 的回归结果，我们可以得到以下结论：

表 5.5 东道国(地区)各变量的回归结果

解释变量	模型 1	模型 2	模型 3	模型 4	模型 5	模型 6
常数项 C_0	-1.405084 (-35.3693*)	-3.695216 (-14.04110*)	-1.054962 (-14.74816*)	-0.570784 (-6.272215*)	-1.308722 (-44.20534*)	-1.358625 (-43.31529*)
ln*ODI*	0.090713 (8.174061*)	–	–	–	–	–
$\ln(S_j^d * ODI)$	–	0.229857 (9.491586*)	–	–	–	–
ln(*PG* * *ODI*)	–	–	0.080151 (9.393959*)	–	–	–
ln(*PGDP* * *ODI*)	–	–	–	0.096215 (7.305673*)	–	–
ln(*FTD* * *ODI*)	–	–	–	–	0.065083 (7.527574*)	–
ln(*FID* * *ODI*)	–	–	–	–	–	0.061272 (8.052020*)
R^2	0.936319	0.959947	0.994488	0.940173	0.942708	0.948162
(Adjusted - R^2)	0.930254	0.956132	0.993217	0.934475	0.937252	0.943225
F 统计值	154.3838	251.6509	781.8904	165.0052	172.7725	192.0536

注:括号内的数值表示 t 值;* 代表参数估计值在 1% 的水平上显著。

(1)模型 1 表明,利用式(5.1)回归得到的结论是:中国到九个样本东道国和地区的对外直接投资对中国全要素生产率产生了积极影响,即对外直接投资带来了逆向技术外溢效应。回归得到 ln*ODI* 的影响系数为0.090713,并且解释变量通过了 1% 的显著性水平检验。这与前面 3.2 节中,中国基于对外直接投资的逆向技术外溢效应的实证检验结果是一致的,只是因为使用的数据有差别而导致影响系数有差别(3.2 节中的影响系数为0.060552)。

(2)模型 2 表明,利用式(5.2)回归得到的结论是:东道国和地区的研发资本存量促进了中国通过到该国和地区对外直接投资所产生的技术进步效应。S_j^d 与 *ODI* 的交互项系数为 0.229857,大于模型 1 中 *ODI* 的系数 0.090713,这说明东道国充足的研发资本存量是影响中国对外直接投资逆向技术进步效应的重要因素，而且它也是影响中国对外直接投资技术进步效应的首要因素。中国只有到研发资本充足的发达国家和地区进行投资，才越有可能获得更多的逆向技术外溢。

(3)模型3表明，利用式(5.3)回归得到的结论是：东道国和地区的研发活动产出并没有提高中国基于对外直接投资的技术进步效应。*PG*与*ODI*的交互项系数为0.080151，小于模型1中*ODI*的系数0.090713，这说明东道国通过专利溢出的研发资本存量并不是影响中国对外直接投资技术进步效应的主要因素。这一方面可能是因为欧美等发达国家的知识产权保护强度高，先进技术难以形成外溢。另一方面，由于各国专利授权量部分年份的数据无法获得，因此这里只选取了1990—2008年的部分数据进行了实证检验，这可能影响了结果的准确性。

(4)模型4表明，利用式(5.4)回归得到的结论是：东道国和地区的经济发展水平与中国基于对外直接投资技术进步效应有一定的联系。*PGDP*与*ODI*的交互项系数为0.096215，略大于模型1中*ODI*的系数0.090713，这说明东道国的经济发展水平对中国对外直接投资技术进步效应带来了一些影响，只是它还不是影响中国对外直接投资技术进步效应的主要因素。

(5)模型5和模型6表明，利用式(5.5)、式(5.6)回归得到的结论是：东道国和地区的对外开放程度没有促进中国基于对外直接投资的技术进步效应。*FTD*与*ODI*、*FID*与*ODI*的交互项系数分别0.065083和0.061272，均小于模型1中*ODI*的系数0.090713，这说明东道国的对外开放程度不是影响中国对外直接投资技术进步效应的主要因素。

从上述实证检验可以发现，东道国的研发资本存量是影响中国对外直接投资技术进步效应的首要因素。这充分说明要想获得东道国的逆向技术外溢，就必须到研发资本密集的国家(地区)进行直接投资，特别对于广大发展中国家而言，目前技术寻求型的对外直接投资是其实施"走出去"战略的重要动力，因此选择怎样的东道国进行投资尤显重要。因此，中国应该选取研发资本投入丰裕的国家(地区)进行直接投资，才有可能获得技术外溢。但是，目前中国的对外直接投资目的地大多集中在亚洲和拉丁美洲的发展中国家，对外直接投资大部分流向了避税地(中国香港、开曼群岛和英属维尔京群岛)，而对研发资本雄厚的发达国家的对外直接投资份额偏少。根据2009年度《中国对外直接投资统计公报》的相关数据，截至2009年年末，中国在亚洲地区的投资存量为1855.4亿美元,占总量的75.5%,在拉丁美洲的投资存量为306亿美元,占总量的12.5%,两个地区加起来的投资量就达到了总量的88%。而在欧洲、大洋洲、北美洲等发达地区的投资存量分别只有86.8亿美元、64.2亿美元和51.8亿美元,三者共占总量的8.2%。因此,作为发展中国家,中国如能加大对研发资本雄厚的发达国家(地区)的投资力度,应该可以分享到更多的逆向技术外溢。同时,东道国的经济发展水平也是影响对外直接投资技术进步效应的重要因素。因为东道国只有拥有较高的收入水平,才有可能提高研发投入、教育投入,才有可能提高本国的创新能力。

5.2 对外直接投资技术进步效应的影响因素:基于母国的视角

前面2.4.2节从母国的视角详细分析了影响对外直接投资技术进步效应的相关因子并构建了理论模型,本节在此基础上,以中国为例进行实证检验。如前所述,本书参考已有文献并根据所收集到的相关资料,把关于母国的主要影响因子归结为投资母国的技术吸收能力、实际有效汇率、金融发展水平三个方面,并分别用研究与开发经费支出占GDP的比重、国家财政教育支出占GDP的比重、全国科技活动人员总数和R&D人员占总人口的比重、实际有效汇率、金融机构年底的企业存款与总存款额的比重等指标作为代理变量。然后,本书分别用它们和*ODI*的交互项来衡量这些因素对中国对外直接投资技术进步效应的影响程度。

5.2.1 基于母国技术吸收能力的影响

关于投资国的技术吸收能力,本书在2.4.2.1节中已经作了理论分析,这里以中国为研究对象进行实证检验。中国是世界上最大的发展中国家,技术水平落后于发达国家的一个重要原因是中国的技术吸收能力不强。尽管大量的实证分析表明,中国现在可以通过多种渠道获得国外先进技术外溢,如国际贸易、FDI、人口流动,等等,但是要达到"消化—吸收—再创新"的目标却存在一定的差距。究其原因,中国的技术吸收能力是一个重要的影响因素。因此,根据已有文献的经验与不足,结合中国的实际状况,并考虑到数据的可获得性,本书采用中国的R&D能力和人力资本水平两个指标来衡量中国的技术吸收能力。其中,中国的 R&D 能力用研发经费投入强度表示,即用每年的研究与开发经费支出占国内生产总值的比重(*R&D/GDP*)来衡量中国的研发能力。

对于中国的人力资本水平,我们用经费和人口两类指标分别衡量(即教育经费与科研人员的情况):第一类指标用国家财政教育支出占 GDP 的比重(用 *Edu/GDP* 来表示)来衡量中国的人力资本存量;第二类指标即从事研发活动的科技人员,用全国科技活动人员总数占总人口的比重这个指标来衡量中国人力资本存量水平(用 *Pst* 来表示)。用它们与 *TODI* 的交互项表示母国自身的技术吸收能力对本国对外直接投资技术进步效应的影响。因此,根据式(2.16)至式(2.18)进行数据整理(见表 5.6)。从表中数据我们可以发现这三个指标的发展趋势,研发经费支出与国家财政教育支出占 GDP 的比重、全国科技活动人员总数占总人口的比重都呈逐年递增之势,这说明以这三个指标表征的中国技术吸收能力在逐年提高。

5.2.2 基于母国实际有效汇率的影响

实际有效汇率作为影响母国对外直接投资量的重要因子,同样会对逆向技术外溢产生影响。实际有效汇率是剔除通货膨胀对各国货币购买力的影响,一国货币与所有贸易伙伴国货币双边名义汇率的加权平均数,通常以对外贸易比重为权数。有效汇率是一个非常重要的经济指标,通常被用于度量一个国家贸易商品的国际竞争力,也可以被用于研究货币危机的预警指标,还可以被用于研究一个国家相对于另一个国家居民生活水平的高低。由于实际有效汇率不仅考虑了所有双边名义汇率的相对变动情况,而且还剔除了通货膨胀对货币本身价值变动的影响,因而能够综合地反映本国货币的对外价值和相对购买力。

表 5.6 分析母国影响因素的样本数据

年份	*TODI*(亿美元)	$\frac{RD}{GDP}$	$\frac{Edu}{GDP}$	$\frac{Pst}{Pop}$	*EXR*	*FDL*
1985	6.29	0.0063	0.029	0.00056	198.9433	0.3791
1986	4.50	0.0067	0.033	0.00119	144.8392	0.3857
1987	6.45	0.0068	0.032	0.0018	125.4608	0.3719

续表

年份	TODI（亿美元）	RD/GDP	Edu/GDP	Pst/Pop	EXR	FDL
1988	8.50	0.0073	0.034	0.00191	136.80750	0.3565
1989	7.80	0.0089	0.040	0.00189	158.29920	0.2932
1990	8.30	0.0095	0.042	0.00187	116.00500	0.2925
1991	9.13	0.0111	0.043	0.00197	103.32330	0.2793
1992	40.00	0.0121	0.044	0.00194	99.10167	0.3064
1993	44.00	0.0133	0.046	0.00207	105.47670	0.2905
1994	20.00	0.0145	0.056	0.00215	82.65750	0.3256
1995	20.00	0.0149	0.060	0.00217	92.07333	0.3190
1996	21.14	0.0157	0.065	0.00237	101.18920	0.3250
1997	25.62	0.0180	0.066	0.00233	108.94080	0.3478
1998	26.34	0.0181	0.067	0.00226	114.71250	0.3395
1999	17.74	0.0207	0.070	0.00231	108.48580	0.3418
2000	9.16	0.0252	0.072	0.00254	108.54000	0.3562
2001	68.85	0.0271	0.079	0.00246	113.19830	0.3589
2002	27.00	0.0307	0.083	0.00251	110.57330	0.3512
2003	28.50	0.0333	0.083	0.00254	103.32170	0.3484
2004	55.00	0.0387	0.088	0.00268	100.54580	0.3507
2005	122.60	0.0433	0.091	0.00292	100.00000	0.3348
2006	211.60	0.0471	0.099	0.00314	101.57830	0.3376
2007	265.10	0.0510	0.114	0.00344	105.61580	0.3561
2008	559.10	0.0579	0.131	0.00374	115.39250	0.3381

注：*TODI* 表示中国各年的对外直接投资总额。

资料来源：根据各年的《中国统计年鉴》《中国科技统计年鉴》《中国金融年鉴》《中国对外直接投资公报》及世界银行网站（http://data.worldbank.org/indicator）、国家外汇管理局网站（http://www.safe.gov.cn/model_safe/index.html）等的相关数据整理所得。

本书采用的实际有效汇率是人民币和外国一揽子货币的比价，因此，实际有效汇率下降则表明外国商品和劳务的本币价格相对下降，本币在外国的购买力相对上升，从而本币升值、外币贬值。根据资本流动的实际情况，如果人民币升值，国内的企业将会更有动力走出国门，开展对外直接投资。近年来，伴随着人民币的不断升值，中国的对外直接投资量也不断上升，因而中国通过对外直接投资渠道获得的技术进步效应也应随之增加。中国历年的实际有效汇率数据来自 IMF 统计数据，用它与 *TODI* 的交互项表示投资国的实际有效汇率对本国对外直接投资技术进步效应的影响。相关数据如表 5.6 所示。从表中数据可以看出，中国的实际有效汇率呈逐年下降趋势，说明人民币在逐步升值。

5.2.3 基于母国金融发展水平的影响

母国金融发展程度的高低是影响企业融资成本的重要因素，理论上，金融发展水平越高，则越有助于企业融资，从而其对外直接投资的资金越充足，则越有可能获得更多的逆向技术溢出。可以说，投资国的金融发展水平决定了该国企业的融资成本，从而影响着该国对外直接投资逆向技术外溢的程度。根据式(2.20)，本书用 *FDL* 表示投资母国的金融发展程度，用它与 *ODI* 的交互项表示投资国的金融发展水平通过 *ODI* 对母国技术进步的影响程度。本书采用金融机构年底的企业存款与总存款额的比重作为金融发展水平 *FDL* 的指标，来检验其对中国对外直接投资技术进步效应的影响。这个指标表明，企业存款占的比重越高，说明货币资金的集聚效应较高，货币乘数效应较高，因而金融发展水平就较高。从表 5.6 所列数据可以看出，中国的金融发展水平呈先降后升的发展趋势，1985—1997 年是一个下降的走势，从 1997 年开始至今，这个指标基本在 0.35 左右徘徊。

5.2.4 计量分析与检验结果

下面利用以上相关数据，考察母国的各影响因素对中国对外直接投资技术进步效应的影响。根据式(2.15)至式(2.20)，分别引入 *TODI*、*RD/GDP*、*Edu/GDP*、*Pst/Pop*、*EXR*、*FDL* 等 6 个代表性因素，回归得到模型7－12，具体结果如表 5.7 所示。从回归的结果来看，6 个模型的可决系数与调整后的可决系数都较大，说明模型的模拟效果较好。根据表 5.7 的回归结果，我们可以得出如下结论：

(1)模型7表明,利用式(2.15)回归得到的结论是:中国每年的对外直接投资活动对中国全要素生产率产生了积极影响,即对外直接投资带来了技术进步效应。回归得到 ln*TODI* 的影响系数为0.118202,并且解释变量通过了1%的显著性水平检验。这与前面第3章、第4章的实证分析中,中国基于对外直接投资的逆向技术外溢效应与技术创新效应的实证检验结果一致,只是这里把技术外溢与技术创新效应笼统称之为技术进步效应。与前面分析的一样,尽管对外直接投资对国内的技术进步有正效应,但是这种影响不大,系数只有0.118202。可见,今后中国的对外直接投资活动仍有待进一步发展。

表5.7 母国各变量的回归结果

解释变量	模型7	模型8	模型9	模型10	模型11	模型12
常数项 C_1	-1.484480 (-31.72046*)	-0.980314 (-32.18415*)	-1.109643 (-41.90880*)	3.735625 (0.230839*)	-1.436887 (-34.64993*)	-1.354219 (-40.39524*)
ln*TODI*	0.118202 (7.275730*)	–	–	–	–	–
$\ln(\frac{RD}{GDP}*TODI)$	–	0.094879 (10.14410*)	–	–	–	–
$\ln(\frac{Edu}{GDP}*TODI)$	–	–	0.104344 (8.518261*)	–	–	–
$\ln(\frac{Pst}{Pop}*TODI)$	–	–	–	0.030754 (2.319492***)	–	–
$\ln(EXR*TODI)$	–	–	–	–	0.120140 (7.305363*)	–
$\ln(FDL*TODI)$	–	–	–	–	–	0.120070 (7.339367*)
R^2	0.939815	0.964089	0.952442	0.972922	0.940169	0.940567
(Adjusted - R^2)	0.934083	0.960668	0.947913	0.968144	0.934471	0.934907
F统计值	163.9625	281.8857	210.2848	203.6070	164.9945	166.1696

注:括号内的数值表示t值;*、**、***代表参数估计值在1%、5%、10%的水平上显著。

(2)模型8表明,利用式(2.16)回归得到的结论是:投资母国的国内研发经费投入尽管对中国的技术进步带来了正的影响,但是还没有成为影响中国对外直接投资逆向技术进步效应吸收能力的重要因素。$\frac{RD}{GDP}$与 *TODI* 的交互项系数为 0.094879,小于模型 7 中 *TODI* 的系数 0.118202,这与中国的研发经费投入强度不高、占国内生产总值比重较小有关。目前世界领先国家的这一比重基本在 3% 左右,而中国的这一比例在 2000 年以前基本保持在 0.7% 左右,直到 2001 年开始才上升至 1% 以上,2009 年达到历史最高点,但仍只有 1.7% 左右。

(3)模型 9 和模型 10 表明,利用式(2.17)与式(2.18)回归得到的结论是:以教育经费与科研活动人员情况两类指标来衡量的中国人力资本水平,虽然都给全要素生产率带来了正效应,但是它们与 *TODI* 的交互项系数较小,国家财政教育支出占 GDP 的比重的影响系数为 0.104344,全国科技活动人员总数占总人口的比重的影响系数为 0.030754,都小于模型 7 中 *TODI* 的系数0.118202,特别是科研活动人员的指标明显偏小。这说明以这两类指标代表的母国人力资本水平对中国基于对外直接投资技术进步效应吸收能力的影响作用不大。这与中国目前教育水平整体偏低的现实情况密切相关。

(4)模型 11 表明,利用式(2.19)回归得到的结论是:母国的实际有效汇率促进了中国基于对外直接投资的技术进步效应。*EXP* 与 *TODI* 的交互项系数为 0.120140,大于模型 7 中 *TODI* 的影响系数 0.118202,表明母国的实际有效汇率是影响中国对外直接投资技术进步效应的重要因素,这与中国近年来人民币缓慢升值的实际情况相关。从表 5.6 中国实际有效汇率的数据来看,1985 年至今中国的实际有效汇率呈下降趋势,这意味着人民币升值,外币贬值,人民币在国外的购买力上升,因此国内企业会更多地走出国门,开展对外直接投资。随着人民币升值,中国的对外直接投资会随之增加,从而带来了更多的逆向技术进步效应。

(5)模型 12 表明,利用式(2.20)回归得到的结论是:母国的金融发展水平促进了中国基于对外直接投资的技术进步效应。*FDL* 与 *TODI* 的交互项系数为 0.120070,大于模型 7 中 *TODI* 的影响系数 0.118202,表明母国的金融发展水平是影响中国对外直接投资技术进步效应的重要因素。从表 5.6 中国金融发展水平的数据来看,企业存款占的比重最近几年基本在 0.35 上下徘徊,可见中国的金融发展水平促进了企业融资,从而促进了母国对外直接投资的技术进步效应。

从上述实证检验可以发现，作为投资母国，中国的技术吸收能力、实际有效汇率、金融发展水平都给中国基于对外直接投资的技术进步效应带来了正面影响，它们与 *TODI* 的交互系数都为正数。同时，中国的实际有效汇率、金融发展水平是影响中国对外直接投资技术进步效应的重要因素。而研发经费强度、财政教育强度以及全国科技活动人员比例对中国技术吸收能力的影响作用不大。

5.3 本章小结

本章在第 3 章和第 4 章分析中国对外直接逆向技术外溢效应与技术创新效应的基础上，研究了影响中国对外直接投资技术进步效应的相关因素。本章从东道国和投资母国的双重角度，考察了东道国的技术创新能力、经济发展水平和对外开放，以及母国的技术吸收能力、实际有效汇率和金融发展水平等因素对中国技术进步效应的影响程度。通过大量的图表与实证分析，本章有如下结论：

第一，本章从东道国的技术创新能力、经济发展水平、对外开放程度三个方面，分别用研发投入与产出、国内生产总值、对外开放度（外贸依存度与外资依存度）等指标作为其代理变量；并分别用它们和 *ODI* 的交互项来衡量这些影响因素对中国对外直接投资活动带来的逆向技术外溢效应的影响。通过对所选取的九个样本东道国和地区的实证检验发现，对中国对外直接投资技术进步效应的影响程度依次为：东道国的技术创新能力、经济发展水平与对外开放程度。东道国和地区的研发资本存量促进了中国通过到该国和地区对外直接投资所产生的技术进步效应，是影响中国对外直接投资技术进步效应的首要因素；但东道国通过专利溢出的研发资本存量并不是影响中国对外直接投资技术进步效应的主要因素。

第二，本章从母国的技术吸收能力、实际有效汇率、金融发展水平三个方面，分别用研究与开发经费支出占 GDP 的比重、国家财政教育支出占 GDP 的比重、全国科技活动人员总数和 R&D 人员占总人口的比重、实际有效汇率、金融机构年底的企业存款与总存款额的比重等指标作为代理变量。并分别用它们和 *ODI* 的交互项来衡量这些影响因素对中国对外直接投资活动技术进步效应的影响。通过对中国的实证检验发现，对中国对外直接投资技术进步效应的影响程度依次为：母国的实际有效汇率、金融发展水平和技术吸收能力。这一方面体现了中国逐年下降的实际有效汇率与不断发展的金融发展水平对 *ODI* 的促进作用，另一方面也表明了目前中国的研发活动投入、财政教育投入以及人力资本水平都处于世界较低水平，从而使得中国的技术吸收能力不强，没有有效促进中国基于对外直接投资的技术进步效应。

6 中国 ODI 逆向技术溢出的母国区域吸收能力分析与评价

近年来中国经济发展正从以往的吸引外资为主转为对外投资与吸引外资并重阶段,对外直接投资流量逐年增长。根据商务部发布的最新数据显示,2012 年中国对外直接投资流量为 878 亿美元,占全球当年流量的 6.3%,跃居全球第 3 位;截至 2012 年年底,中国对外直接投资存量达 5319.4 亿美元,占全球存量的 2.3%,位居全球第 13。可见,国际资本的双向流动已成为中国经济发展过程中的重要形式。已有相关文献对 ODI 逆向技术溢出效应及其影响因素的研究取得了一些成果,基于本章的研究目的,这里重点将国内学者对 ODI 逆向技术溢出的母国吸收能力影响因素研究进行归类整理,以便为本章的研究做好铺垫。表 6.1 列出了国内学者基于母国吸收能力视角对技术溢出的影响因素展开的代表性研究。

表 6.1 基于 ODI 逆向技术溢出的母国吸收能力影响因素分析

作者	方法	样本年限	影响因素	指标	结论
张诚、张艳蕾、张健敏(2001)	理论分析	无	人力资本流动	人力资本	与技术溢出吸收能力正相关
			技术差距	技术	
马亚明、张岩贵(2003)	古诺模型	无	集聚效应	两厂商的地理空间距离	集聚效应越大,技术越易溢出

续表

作者	方法	样本年限	影响因素	指标	结论
孙欢欢（2009）	Panel Date OLS	2003—2007年	人力资本水平	人均受教育年限	显著正相关
				万人口科技活动人数	显著正相关
			自身技术水平	工业增加值/全部从业人员	显著正相关
				RD/GDP	显著正相关
			经济发展水平	人均 *GDP*	显著正相关
白洁（2009）	OLS	1985—2006年	人力资本	普通高校每年毕业人数累加	显著正相关
			创新经费投入	国内 *R&D* 存量	显著正相关
周春应（2009）	OLS	1991—2007年	研发水平	*RD/GDP*	不显著正相关
			人力资本	专业技术人口/总人口	不显著正相关
				科技活动人口/总人口	显著正相关
				R&D/总人口	显著正相关
			金融发展水平	金融机构年底贷款余额（*BL*）/*GDP*	不显著正相关
				BL/城乡居民储蓄存款余额	不显著正相关
			经济开放度	外贸依存度（进出口/*GDP*）	显著正相关
				外资依存度（*FDI*/*GDP*）	显著正相关
			经济发展水平	人均 *GDP*	不显著正相关
			经济结构	第二产业产值/*GDP*	显著正相关
				高技术产业出口/总出口	显著正相关
			基础设施	道路长度/地理面积密度	显著正相关
				邮电业务总量/*GDP*	显著正相关
			社会资本	每万人民间组织个数	不显著正相关

续表

作者	方法	样本年限	影响因素	指标	结论
刘明霞、王学军（2009）	Panel Date WLS	2003—2007 年	人力资本	人均受教育水平	有门槛值，超过门槛值吸收能力起作用
欧阳艳艳（2010）	PLS	1990—2007 年	政府支持力度	签订双边投资协议书	不显著正相关
			经济发展水平	*GDP*	显著正相关
			自由化程度	民营企业固定资产投资比重	显著正相关
			人力资本积累	每万人中科技活动人数	显著正相关
刘伟全（2010）	OLS	1987—2008 年	研发水平	*RD/GDP*	不显著正相关
			人力资本	专业技术人员/总人口	不显著正相关
				科技活动人员/总人口	显著正相关
				RD 人员/总人口	显著正相关
			经济发展水平	人均 *GDP*	不显著正相关
			经济结构状况	高技术产业出口/总出口	显著正相关
				第二产业产值/*GDP*	显著正相关
			金融发展程度	金融机构年底贷款余额（*BL*）/*GDP*	不显著正相关
				BL/城乡居民储蓄存款余额	不显著正相关
			经济开放度	进出口/*GDP*	显著正相关
				实际 *FDI*/全社会固定资产投资	显著正相关
陈岩（2011）	Panel Date	2003—2008 年	技术差距	国外与国内各省劳动生产率比值	显著负相关
			人力资本	平均受教育程度	不显著负相关
			经济开放度	进出口/*GDP*	显著负相关
			金融发展水平	金融机构年底贷款余额（*BL*）/*GDP*	不显著负相关

续表

作者	方法	样本年限	影响因素	指标	结论
李梅、金照林(2011)	Panel Date	2003—2008 年	人力资本	就业人员受教育程度	显著正相关
霍杰(2011)	Panel Date OLS	2003—2008 年	人力资本	高等学校平均在校生数	不显著正相关
			对外开放度	进出口/*GDP*	显著正相关
			金融市场发展	存贷款之和/*GDP*	不显著负相关

资料来源:笔者根据相关文献整理绘制。

尽管目前国内外学者对 ODI 逆向技术溢出效应及其影响因素的研究已取得了一些成果,但对 ODI 逆向技术溢出的母国吸收能力分析还有待进一步完善:第一,尽管实证研究已经表明 ODI 逆向技术溢出存在区域差异,但已有关于 ODI 逆向技术溢出母国吸收能力的研究大都基于国家层面展开,这种对整体数据的分析可能会掩盖省际差异;第二,吸收能力的测度一直处于动态、整合的发展过程中,已有研究大多孤立地考察某一个或某几个因素各自对吸收能力的影响,在实证分析中也大多只建立单一回归模型,但实际上影响吸收能力的因素远不止这些,且这些因素相互影响、共同作用于区域吸收能力;第三,从已有关于 ODI 逆向技术溢出母国吸收能力影响因素研究结果来看,学者们选择了大量的指标来测度吸收能力,但是,实证检验显示一些指标的统计结果并不显著,如金融水平发展等指标。因此,本章基于 ODI 逆向技术溢出的视角,在已有文献的基础上,剔除他们所选择统计结果不显著的指标,从获取能力、同化能力、再创新能力三个维度选择 21 个指标测度各区域的吸收能力,构建母国吸收能力综合评价模型。然后运用中国 2003—2011 年的区域面板数据,测度了全国层面、东中西各区域层面的吸收能力大小,并进一步分区域分析吸收能力对中国 ODI 逆向技术溢出的影响程度。

6.1 ODI 逆向技术溢出吸收能力评价体系与模型构建

ODI 逆向技术溢出吸收能力评价体系设定是区域逆向技术溢出吸收能

力研究的重要内容。在评价体系建立过程中,具体内容包括研究维度的确定和指标分类的选择。

6.1.1 研究维度确定与评价指标选取

在 Cohen & Levinthal(1990)提出"吸收能力"概念后,随着研究的深入,这个定义无法解决在实证研究方面的操作性困难,后期很多学者开始对其进行详细分析。其中代表学者有 Mowery & Oxley(1995)、Brown(1997)、Kim(1998)、Van Den Bosch(1999)等。将吸收能力具体化的是 Zahra & George(2002),他们将企业吸收能力定义为企业的一系列惯例和流程,分解为获取能力、消化能力、转化能力和利用能力等四个分能力。Haro – Domínguez 等(2007)在研究吸收能力影响企业绩效时,把企业吸收能力分为获取能力、吸收能力、转化能力和再创新能力四个维度。本章借鉴 Haro – Domínguez 等(2007)采用的四维度分法,并考虑到吸收能力与转化能力可能存在的交叉性,将二者合并为同化能力,从而将区域吸收能力的四维度简化为三维度,即区域获取能力、区域同化能力和区域再创新能力。区域获取能力是指区域自身发展要素搜寻,容纳和获得外部新技术的能力,它会影响企业储存技术知识;区域同化能力是指区域理解、消化外部新技术并与自身已有技术整合的能力,它会影响企业学习新知识;区域再创新能力是指区域把同化之后的现有技术经过改造升级整合成新技术,并利用市场机会,将新技术应用于商业成果的能力,它联合吸收、转化能力共同作用于创造企业价值。

ODI 逆向技术溢出母国区域吸收能力分析评价体系是一个集多指标的综合评价体系,本章所构建的体系在已有 ODI 逆向技术溢出母国吸收能力影响因素研究的基础上,通过系统讨论这些因素对整个技术吸收能力的聚合作用,具体从获取、同化、再创新三个分能力所涉及的 21 个量化指标来设定吸收能力评价体系,其中每个指标都从不同角度反映 ODI 逆向技术溢出吸收能力状态,如表 6.2 所示。

表 6.2　区域吸收能力评价体系

研究维度	获取能力(AC)	同化能力(AS)	再创新能力(EX)
评价指标	社会流动性 经济实力 经济发展水平 市场规模 市场对外开放度 对外直接投资规模 劳动力报酬	劳动力集聚效应 产出集聚效应 交通配套能力 企业资金配套能力 工业市场配套能力 技术市场发展水平 现有技术能力	创新经费投入 人力资本投入 通信扩散能力 互联网覆盖率 技术制造能力 技术市场开放度 市场自由度
度量指标	入境旅游人数 *GDP* 人均 *GDP* 社会商品零售总额 (进出口 + *FDI*)/*GDP* 对外直接投资存量 平均工资	每 km^2 就业人数 每 km^2 创造 *GDP* 公路里程数 工业企业流动周转次数 全部规模以上工业企业总产值 各地区技术市场成交额 专利授权量	*RD*/*GDP* *RD* 人员 移动电话数 互联网络用户 高技术产业占工业总产值比 高技术进出口规模 非国有工业占工业总产值比重

注:指标变量选取与归类是笔者根据表 6.1 和张斌盛(2006)、赵果庆(2004)整理所得。

考虑到数据的可得性与连续性,本章研究不包括港澳台地区,同时由于西藏数据不全且该地区指标不明显,故此处分析暂不考虑西藏,只以其余 30 个省、市、区作为研究对象。由于中国对外直接投资数据统计始于 2003 年,故样本数据选取 2003—2011 年中国 30 个省、市、区 ODI 逆向技术溢出效应吸收能力相关变量的数据,为剔除特殊年份数据波动性影响,采用各指标均值。所需数据来源于各年的《中国对外直接投资统计公报》《中国科技统计年鉴》《中国高技术产业统计年鉴》《中国统计年鉴》以及各省统计年鉴。

6.1.2　ODI 逆向技术溢出吸收能力评价模型

在 ODI 逆向技术溢出吸收能力的综合评价过程中,首先要建立评价模型,本书利用最大元素法对所选取的指标变量进行无量纲化处理,再采用变异系数对变量赋权,然后进一步对计算结果进行评价与分析,以检验模型结果。

首先,根据上述 ODI 逆向技术溢出区域吸收能力评价体系,本书借鉴赵

果庆(2004)研究中国西部国际直接投资吸收能力的评价模型,建立相应的综合评价函数如下:

$$RAC_{it} = AC_{it}^{\alpha}AS_{it}^{\beta}EX_{it}^{\gamma} = f(X_{it}^{1}, X_{it}^{2}, \cdots, X_{it}^{j}; \lambda_{it}^{1}, \lambda_{it}^{2}, \cdots, \lambda_{it}^{j}) \qquad (6.1)$$

其中,$X_{it}^{1}, X_{it}^{2}, \cdots, X_{it}^{j}$ 为地区 ODI 逆向技术溢出吸收能力,AC_{it} 为各地区的获取能力,AS_{it} 为各地区的同化能力,EX_{it} 为各地区的再创新能力。α、β、γ 则分别表示三种对应分能力的弹性系数,即各自对 ODI 逆向技术溢出吸收能力的贡献值,且 $\alpha + \beta + \gamma = 1$。式(6.1)中 AC_{it}、AS_{it}、EX_{it} 值越小,说明 i 地区 t 年吸收能力越弱;AC_{it}、AS_{it}、EX_{it} 之间差值越大,说明各地区发展不均衡程度越大。$X_{it}^{1}, X_{it}^{2}, \cdots, X_{it}^{j}$ 为地区 ODI 逆向技术溢出吸收能力度量指标,λ_{it}^{j} 为各指标对应的权重,$0 < \lambda_{it}^{j} < 1$ 且 $\sum_{j=1}^{21} \lambda_{it}^{j} = 1$。地区 ODI 逆向技术溢出吸收能力强弱不仅取决于独立变量的作用,更大程度上取决于各种吸收能力变量的聚合效应。该模型需满足以下条件才能有效评价区域吸收 ODI 逆向技术溢出的能力:①AC、AS、EX 需大于 0,即技术吸收结构完整是存在技术吸收能力的前提;②AC、AS、EX 偏导需存在,即 AC、AS、EX 需共同增长才能带动吸收能力提高;③如果给定权重结构条件,分能力增长速度决定着地区逆向技术溢出吸收能力的增长幅度。

其次,根据世界银行发布的《2008 年全球经济展望:发展中国家的技术扩散》认为,发展中国家的技术扩散不仅取决于其获得外国技术的途径,而且取决于其吸收技术能力。已有研究表明 ODI 对国内技术进步产生了积极作用,这说明 ODI 越多的地区,其逆向技术溢出也越多,因此本书利用计量模型量化这种吸收能力对 ODI 逆向技术溢出的影响。其函数设定如下:

$$ODI_{it} = f(RAC_{it}) = C + \varphi_{it}RAC_{it} \qquad (6.2)$$

其中,ODI_{it} 表示 i 地区 t 年的 ODI 流量,$Y_{it}^{j} = X_{it}^{j} \div \underset{1 \le i \le 30}{\mathrm{Max}}[X_{it}^{j}]$ 为 $(j = 1, 2, \cdots, 21)$ 对 $\overline{X_j} = \sum_{i=1}^{30} X_{ij} \div 30 (j = 1, 2, \cdots, 21)$ 的贡献度。

最后,在评价模型中,由于 ODI 逆向技术溢出吸收能力评价指标的含义各不相同,且其统计口径与计算方法也存在差异,如果直接采取原始数据计算,会造成结果误差较大,由此此处对原始数据进行无量纲处理。这里采用最大元素基准法,计算公式为

$$Y_{it}^{j} = X_{it}^{j} \div \underset{1 \le i \le 30}{\mathrm{Max}}[X_{it}^{j}] \qquad (j = 1, 2, \cdots, 21) \qquad (6.3)$$

考虑到无量纲化处理后的数据不会影响指标数列的变异系数，此处在变量赋权中选用变异系数。变异系数等于标准差除以均值，均值与标准差公式记为

$$\overline{X_j} = \sum_{i=1}^{30} X_{ij} \div 30 \quad (j = 1,2,\cdots,21) \tag{6.4}$$

$$V_j = \sqrt{\frac{1}{30}\sum_{i=1}^{30}(X_{ij} - \overline{X_j})^2} \quad (j = 1,2,\cdots,21) \tag{6.5}$$

变量的变异系数与聚变量权重记为

$$S_j = V_j \div \overline{X_j} \tag{6.6}$$

$$\lambda_j = S_j \div \sum_{j=1}^{21} S_j \tag{6.7}$$

将选取的指标数据逐年按照式(6.3)进行无量纲化处理后，分别依次代入式(6.4)、式(6.5)、式(6.6)、式(6.7)算出各变量的变异系数和权重，最后将上述结果分别代入区域 ODI 逆向技术溢出吸收能力综合评价模型(6.8)中，计算出吸收能力值。

$$RAC_i = \prod_{j=1}^{21} Y_{ij}^{\lambda_j} \tag{6.8}$$

6.2 中国 ODI 逆向技术溢出的区域吸收能力评价

6.2.1 吸收能力评价结果与区域比较

首先，从表 6.3 可以看出，技术市场开放度、技术市场发展水平、产出集聚效应和对外直接投资规模权重值均在 6% 以上，其中技术市场开放度的权重最高，达 11.05%，这说明区域技术市场的发展、产出集聚效应以及对外直接投资额在很大程度上影响了中国区域吸收能力。而经济发展水平、市场自由度、交通配套能力、劳动力报酬和企业资金配套能力权重值均在 3% 以下，其中企业资金配套能力的权重最低，仅为 0.93%，反映了这些因素对吸收能力的影响较弱。这里人力资本权重值仅在 4% 左右，说明在技术吸收能力综合评价体系中，人力资本相对于技术市场开放度和发展水平作用被弱化了，这可能与中国现阶段人口基数大、人力资本结构不合理有关。从吸收

能力的研究维度来看,同化能力对吸收能力的贡献最大为38.99%,再创新能力排第二,获取能力贡献最小,再创新能力与获取能力的贡献度大体相当,总的来看三个分能力差距不大,这体现了中国区域吸收能力的系统性与均衡性。

表6.3 各指标变量权重值排名

获取能力(AC)		同化能力(AS)		再创新能力(EX)	
变量	权重	变量	权重	变量	权重
对外直接投资规模	0.0674	技术市场发展水平	0.1008	技术市场开放度	0.1105
市场对外开放度	0.0562	产出集聚效应	0.0932	人力资本投入	0.0422
社会流动性	0.0474	现有技术能力	0.0657	技术制造能力	0.0410
市场规模	0.0364	工业市场配套能力	0.0489	创新经费投入	0.0366
经济实力	0.0363	劳动力集聚效应	0.0484	互联网覆盖率	0.0350
经济发展水平	0.0265	交通配套能力	0.0236	通信扩散能力	0.0339
劳动力报酬	0.0116	企业资金配套能力	0.0093	市场自由度	0.0171
总值	0.2818	总值	0.3899	总值	0.3163

资料来源:笔者整理计算绘制。

其次,表6.4表明,中国ODI逆向技术溢出区域吸收能力排名是根据2003—2011年的吸收能力均值得出,排名前三的是广东、上海、江苏,其中,广东吸收能力均值高达57.63%,上海和江苏分别为49.26%和40.68%。而西部地区(除四川外)的吸收能力十分弱,大多处于5%以下,重庆和陕西的吸收能力介于5%到10%之间。东部地区的吸收能力明显高于中西部地区,这与经济发展的实际状况相符。东部地区目前技术市场的发展与开放、现有技术水平、对外投资规模、产出集聚效应、工业市场配套能力以及人员物资投入都要强于其他省市;西部地区(除四川外)薄弱的吸收能力,与当地技术市场不发达、基础设施不完善、物质与非物质资源不充足、交通配套能力跟不上等情况密切相关;中部地区的吸收能力处于中等水平,这与中部地区发展比较晚,经济结构类型、基础设施、市场配套能力、聚集效应发挥的滞后效应有关。

表 6.4 中国省际吸收能力指数与排名

区域	地区	总排名	2003	2004	2005	2006	2007	2008	2009	2010	2011
东部	广东	1	0.620	0.559	0.581	0.561	0.561	0.588	0.568	0.568	0.580
	上海	2	0.551	0.524	0.451	0.518	0.491	0.470	0.489	0.469	0.470
	江苏	3	0.323	0.364	0.373	0.368	0.371	0.408	0.443	0.492	0.519
	北京	4	0.389	0.390	0.358	0.401	0.389	0.400	0.414	0.401	0.405
	浙江	5	0.218	0.230	0.225	0.250	0.238	0.261	0.266	0.276	0.283
	山东	6	0.227	0.224	0.234	0.212	0.221	0.259	0.273	0.292	0.299
	天津	7	0.132	0.145	0.145	0.172	0.156	0.168	0.178	0.180	0.194
	辽宁	8	0.142	0.141	0.129	0.141	0.135	0.146	0.163	0.173	0.176
	福建	9	0.158	0.140	0.131	0.130	0.124	0.138	0.144	0.154	0.158
	河北	12	0.056	0.078	0.080	0.082	0.078	0.090	0.097	0.105	0.109
	黑龙江	14	0.062	0.056	0.163	0.059	0.058	0.064	0.063	0.065	0.068
	吉林	19	0.054	0.054	0.049	0.049	0.048	0.054	0.060	0.062	0.066
	海南	26	0.021	0.019	0.016	0.016	0.016	0.021	0.023	0.030	0.034
中部	湖北	11	0.076	0.070	0.077	0.080	0.076	0.089	0.104	0.121	0.137
	河南	13	0.060	0.067	0.076	0.070	0.074	0.085	0.097	0.100	0.134
	湖南	16	0.053	0.051	0.060	0.065	0.065	0.076	0.089	0.096	0.100
	安徽	15	0.056	0.052	0.056	0.061	0.061	0.071	0.079	0.104	0.115
	山西	20	0.042	0.038	0.043	0.044	0.044	0.052	0.055	0.060	0.064
	江西	21	0.034	0.032	0.034	0.038	0.041	0.049	0.056	0.070	0.077
西部	四川	10	0.080	0.073	0.079	0.085	0.090	0.100	0.118	0.131	0.140
	陕西	17	0.056	0.051	0.053	0.055	0.055	0.071	0.085	0.101	0.110
	重庆	18	0.051	0.068	0.055	0.059	0.056	0.067	0.067	0.088	0.112
	云南	22	0.039	0.036	0.043	0.087	0.036	0.037	0.043	0.047	0.046
	广西	23	0.039	0.036	0.040	0.030	0.029	0.037	0.040	0.050	0.055
	内蒙古	24	0.023	0.022	0.030	0.027	0.025	0.029	0.034	0.038	0.038
	甘肃	25	0.023	0.023	0.025	0.026	0.023	0.027	0.028	0.032	0.032
	新疆	27	0.021	0.019	0.020	0.019	0.019	0.021	0.019	0.024	0.024
	贵州	28	0.021	0.019	0.018	0.014	0.014	0.020	0.022	0.027	0.029
	宁夏	29	0.007	0.009	0.009	0.009	0.009	0.011	0.012	0.013	0.014
	青海	30	0.005	0.004	0.004	0.005	0.005	0.006	0.007	0.008	0.008

资料来源：笔者整理计算绘制。

通过观察中国区域吸收能力趋势图可以发现，中国各区域吸收能力与三个分能力之间走势相同，分能力弱，则其吸收能力也弱（见图6.1）。这说明中国的区域吸收能力是由获取能力、同化能力、再创新能力共同作用的结果，要提高区域ODI逆向技术溢出的总吸收力，就应重视提高该区域的三个分能力。

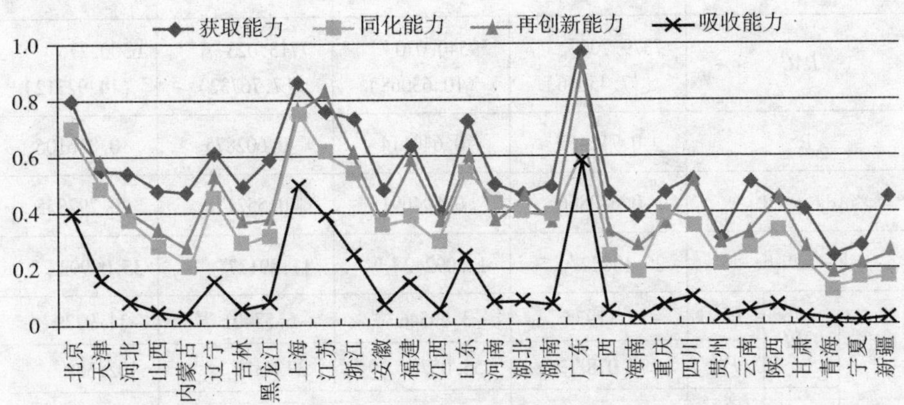

图6.1 中国区域吸收能力趋势图

6.2.2 省际面板数据检验

进一步的，我们选取30个省、市、区2003—2011年的面板数据，考察区域吸收能力对ODI逆向技术溢出的影响程度。首先需对选择固定效应模型还是随机效应模型进行检验，我们利用Hausman随机效应检验，检验结果如表6.5所示。

表6.5 Hausman随机效应检验

Correlated Random Effects - Hausman Test			
Test Summary	Chi - Sq. Statistic	Chi - Sq. d.f.	Prob.
Cross - section random	48.602791	1	0.0000

表6.5中的检验统计量为48.602791，在1%的水平上拒绝原假设，即固定效应和随机效应的估计量存在实质性差异，由此此处选取固定效应模型。为使检验结果更具可比性，在分区域对吸收能力与ODI回归时，仍采用固定效应模型，回归结果如表6.6所示。

表 6.6 样本检验结果

			全国	东部	中部	西部
样本数量			270	117	54	99
C			−724.3593*** (−12.93087)	−1803.804*** (−8.517560)	−397.3873*** (−5.572731)	−192.5996*** (−10.17794)
RAC			7379.706*** (17.45066)	9540.070** (10.63068)	7713.023*** (7.76732)	6300.276*** (14.92312)
R^2			0.716457	0.640114	0.602875	0.816106
Adjust − R^2			0.680866	0.594691	0.552178	0.792855
F − statistic			20.13022***	14.09242***	11.89177***	35.09992***
单位根检验	*ODI*	*LLC*	−12.1197***	−3.09546***	−6.57401***	−11.9729***
		PP	195.078***	55.0570***	37.4319***	102.589***
	RAC	*LLC*	−18.3301***	−14.4203***	−7.11877***	−9.12097***
		PP	137.171***	128.987***	48.7152***	59.4696***
	残差	*LLC*	−7.27352***	−2.28928**	−2.03051**	−6.75485***
		PP	115.058***	64.9811***	31.7005***	82.3975***

注：***、**分别表示在1%和5%的水平上显著，括号内为t统计量。

表6.6中*RAC*的系数都显著为正，说明吸收能力显著促进了*ODI*的逆向技术溢出。从全国整体总体来看，*RAC*的系数为7379.706，说明*RAC*每增长1%，*ODI*就增长73.797%。从东部、中部、西部各地区的横向比较来看，东部地区*RAC*的系数最大，说明东部地区具有最大的吸收潜力且吸收能力对*ODI*逆向技术溢出的促进作用最大；西部地区*RAC*的系数最小，说明西部地区整体发展较落后，其整个吸收体系发展不完善；中部地区*RAC*的系数居中，说明其发展空间可能渐趋饱和，吸收能力上升空间不大。检验结果中，虽然R^2与Adjust − R^2比较小，这主要是横截面单元的多样性造成的，但结合F统计量观察，F统计量都在1%的水平上显著，拒绝回归元对回归子没有影响的原假设，说明该模型合理。通过对各变量及残差进行单位根检验，*ODI*与*RAC*的二阶差分检验结果在1%的水平上显著，说明序列二阶差分不存在单位根，是平稳的，满足协整检验的前提。而残差序列至少都在5%的水平

上显著,说明区域模型的残差序列也是平稳的,从而表明面板数据序列 *ODI* 与 *RAC* 之间存在协整关系,说明 *RAC* 与 *ODI* 存在长期正相关关系。

 6.3 区域吸收能力对 ODI 技术溢出效应的影响测度

6.3.1 模型设定与数据选择

本部分仍然借鉴 Coe & Helpman(1995)的经典 R&D 溢出回归模型,首先测算出中国各区域 ODI 逆向技术溢出效应大小,然后在 CH 模型基础上,运用中国各地区的面板数据,测度区域吸收能力对 ODI 逆向技术溢出效应的影响:

$$\beta_{it}^{f}\ln TFP_{it} = c_{it} + \gamma_{it}RAC_{it} + \varepsilon_{it} \tag{6.9}$$

其中,$\beta_{it}^{f}\ln TFP_{it}$ 是 i 省 t 时期的全要素生产率,代表通过 ODI 逆向技术溢出带来的技术进步,RAC_{it} 为 i 省 t 时期 ODI 逆向技术溢出吸收能力,γ_{it} 为区域吸收能力对 ODI 逆向技术溢出效应的影响系数,c_{it} 为常数项,ε_{it} 为随机误差项。

本节选取中国 30 个省份 2003—2010 年的相关数据(由于西藏地区数据不全,此处暂不纳入研究范围),对外投资地依旧选取中国香港、美国、英国、加拿大、澳大利亚、德国、新加坡、韩国和日本等九个国家和地区。产出 Y 表示各个省、市、区的地区生产总值,以 CPI 折算成 2000 年为基期的实际 GDP,单位为亿元;L 表示各省年末从业人员数,单位为万人;资本存量测算依旧采用永续盘存法。各省、市、区 TFP、研发资本存量、国外研发存量的计算方法同第 3 章。各省 GDP、从业人员 L、固定资产投资额 I、CPI 指数以及固定资产价格投资指数 P 均来自各年的《中国统计年鉴》和各省统计年鉴。国外所有研发数据都转换成人民币,单位为亿元,然后以中国 CPI 2000 年为基期折算成实际研发资本存量,ODI 存量也利用 CPI 折算成以 2000 年为基期。各个国家和地区的 R&D、汇率来自世界银行数据库,CPI 来自中国统计年鉴,ODI 数据来源于各年的《中国对外直接投资统计公报》。测算各省、市、区通过 ODI 引致的研发溢出数据如表 6.7 所示。

表 6.7 各省通过 ODI 引致的研发溢出 单位:亿元

地区	2003	2004	2005	2006	2007	2008	2009	2010
北京	2747.36	3693.15	4177.36	3469.30	4887.37	6055.67	8041.44	8785.60
天津	87.05	277.51	634.79	1323.18	1582.48	1414.28	1978.26	2426.69
河北	18.25	777.99	962.24	948.42	831.18	809.76	1078.18	1295.91
山西	926.81	692.69	893.23	1449.43	1559.91	737.15	1709.06	1570.16
内蒙古	154.45	200.31	388.40	590.40	640.87	630.93	939.54	837.29
辽宁	225.75	483.98	389.35	981.67	1102.63	1030.21	1961.79	3389.50
吉林	651.61	924.99	840.17	830.76	1140.73	1323.10	1855.50	1666.77
黑龙江	669.33	1264.75	2643.38	3923.33	3531.57	3575.98	3033.27	2788.22
上海	3539.39	4940.54	5578.74	6924.41	6748.49	3862.40	5752.18	8685.89
江苏	186.97	668.59	762.87	921.90	1408.32	1533.87	1831.86	2284.04
浙江	226.95	528.02	914.28	1297.75	1712.41	1756.09	2944.88	4889.60
安徽	178.08	209.81	303.43	545.59	577.88	513.95	526.85	1570.07
福建	1190.36	1473.10	1297.63	2590.03	3331.94	2958.74	3415.95	3295.72
江西	73.19	76.47	82.69	143.75	285.71	325.43	348.06	442.89
山东	1089.36	1297.13	1341.39	1717.14	1925.57	1814.74	1868.89	2834.69
河南	104.83	301.61	727.19	270.46	481.12	495.55	667.19	624.01
湖北	78.60	85.19	107.13	153.97	146.55	120.55	173.83	239.75
湖南	87.19	54.64	211.53	503.93	1075.77	1761.15	4223.91	4323.78
广东	3854.78	5151.14	6088.92	6648.13	9246.22	8454.39	8134.75	8196.68
广西	442.35	229.67	572.19	364.26	557.02	537.10	908.40	1135.09
海南	279.71	476.87	408.32	405.44	1018.25	764.91	1595.01	3667.81
重庆	67.15	1298.55	541.41	495.90	802.38	990.05	877.81	1454.99
四川	141.73	160.77	393.73	507.37	1162.98	761.92	783.04	1408.37
贵州	41.13	33.19	55.83	22.37	39.02	117.87	116.91	84.30
云南	167.21	191.18	488.49	752.27	1967.28	2243.12	2979.00	3829.56
陕西	119.87	91.78	116.67	189.89	276.51	659.16	1087.71	1384.54
甘肃	339.09	391.99	958.18	1082.70	2499.81	4275.12	3488.16	3062.63
青海	52.00	43.11	72.57	84.32	79.41	83.88	104.56	97.32
宁夏	6.78	66.33	424.04	852.27	590.70	583.99	498.40	448.85
新疆	180.92	209.80	426.18	747.51	935.73	1876.41	2130.94	2310.22

资料来源:根据各年的《国际统计年鉴》《中国统计年鉴》《中国科技统计年鉴》《中国对外直接投资统计公报》、OECD 数据库、世界银行 WDI 数据库以及各国的统计年鉴相关数据整理计算所得。

6.3.2 测算结果与分析

下面我们把全国分为东部、东北、中部和西部四个区域测算地区吸收能力对 ODI 技术溢出效应的影响程度。分析结果如表 6.8 所示。

表 6.8 吸收能力对 ODI 技术溢出效应的影响测度

地区			全国	东部	东北	中部	西部
样本数量			240	80	24	48	88
C			-0.000456 (-1.143910)	-0.001108 (-1.600546)	0.025590 (5.468938)	-0.002018*** (-12.39213)	0.000267* (1.667408)
RAC			0.020038*** (6.482183)	0.011815*** (3.982317)	0.092902* (1.849605)	0.059613*** (25.05730)	0.022560*** (5.584734)
R^2			0.788285	0.832378	0.936824	0.951135	0.626570
Adjust - R^2			0.757895	0.808166	0.888227	0.943985	0.572521
F - statistic			25.93918***	34.37861***	19.27746***	133.0090***	11.59261***
单位根检验	$\ln TFP^{odi}$	*LLC*	-9.01619***	-6.69640***	-5.13582***	-2.73370***	-4.93295***
		ADF	104.769***	43.1313**	13.9571**	23.1933**	37.6096**
		PP	115.070***	52.9749***	13.8763**	24.6119**	37.7879**
	RAC	*LLC*	-11.7856***	-10.6395***	-7.36190***	-6.78331***	-5.26976***
		ADF	125.545***	68.3141***	12.7496**	29.9202***	41.6861***
		PP	131.949***	75.4529***	26.7358***	33.4792***	41.4667***
	残差	*LLC*	-9.55937***	-10.8003***	-15.94270***	-8.74324***	-5.11040***
		ADF	92.4618***	54.7105***	13.9532***	27.3420***	57.1216***
		PP	123.478***	61.3042***	20.9363***	37.1835***	61.1915***

注：***、**、*分别表示在1%、5%、10%的水平上显著，括号内为t统计量。

从以上结果可以看出，东部、东北、中部、西部吸收能力对 ODI 逆向技术溢出效应作用都在 1% 的水平上显著为正，其中东北地区的贡献率最大，吸收能力每提高 1%，就会推动逆向技术溢出促进技术进步 9.29%，中部地区为 5.96%，都远远高于全国面板的 2%；西部地区吸收能力每提高 1%，就会推动逆向技术溢出促进技术进步 2.26%，也略高于全国水平；东部地区最小，吸收能力每提高 1%，逆向技术溢出仅推动技术进步 1.18%，略低于全国水平。这说明吸收能力对逆向技术溢出技术进步的作用呈现出边际递减趋势。如就东部地区而言,吸收能力促进了 ODI 逆向技术溢出技术进步,因为其系数显著为正,但是随着东部地区本身的技术逐渐积累,技术优势日趋明显,吸收能力对逆向技术溢出促进技术进步的边际作用减弱了,说明当一个地区技术达到某一水平后,通过自身研发投入,自主创新比吸收国外技术溢出对技术进步的影响更大。对于西部地区,其技术水平处于绝对弱势,吸收能力也比较弱,所以吸收能力对于逆向技术溢出促进技术进步的作用还没有完全显现。东北地区与中部地区,其技术水平与国外技术水平有一定差距,吸收能力刚好能弥补东北和中部地区的技术差距。在这两个区域,吸收能力充分发挥了其作用,因此这两个地区吸收能力对逆向技术溢出技术进步的促进作用就比较大。东北地区相对于中部地区而言,各省市的发展水平更加均衡,能更好地吸收 ODI 渠道的逆向技术溢出,所以东北地区的吸收能力系数比中部地区要大。从上面单位根检验结果来看,序列 $\ln TFP^{odi}$、RAC 都是平稳的且同阶单整的,其回归方程构成的残差序列组也是平稳的,说明面板数据序列 $\ln TFP^{odi}$、RAC 之间存在长期协整关系。

6.4 本章小结

本章运用中国 30 个省、市、区 2003—2010 年相关省际面板数据,在综合已有研究成果的基础上,基于 ODI 逆向技术溢出的视角,构建母国吸收能力综合评价模型,通过选取区域获取能力、同化能力、再创新能力三个分能力细分而成的 21 个指标测度各区域吸收能力大小,并进一步分区域实证检验了吸收能力对中国 ODI 逆向技术溢出的影响。根据实证分析的结果,得出如下结论:

第一,在吸收能力影响因素分析中我们发现,对外直接投资规模、市场开放度、社会流动性对获取能力的影响比较大;技术市场发展水平、产出集聚效应、现有技术能力对同化能力的影响比较大;技术市场开放度、人力资本投入、技术制造能力对再创新能力的影响比较大。

第二,从整体吸收能力来看,东部地区整体吸收能力比中西部地区显著。其中,东部沿海城市如广东、上海、江苏、北京吸收能力高达 40%,其余城市(除海南与内蒙古以外)大都在 10% ~40%。从各地区对应获取能力、同化能力、再创新能力三个分能力来看,东部地区也显著高于中西部地区。其中,体现技术差距的同化能力权重值最大,说明在技术吸收能力上,只有两个技术相差不大的企业才能更好地吸收对方的技术溢出,技术太高或者太低都不利于技术溢出的吸收。总体来说,三个分能力相差不大,这也体现了本章建立评价模型的系统性,说明中国现行区域经济发展总体规划适合中国经济长远发展。

第三,区域吸收能力是影响 ODI 逆向技术溢出效应的重要因素,且东北、中部地区吸收能力的促进作用比东西部地区显著。这说明吸收能力对逆向技术溢出技术进步的作用呈现出边际效应递减趋势。就东部地区而言,吸收能力促进了 ODI 逆向技术溢出,但随着东部地区的技术积累,技术优势日趋明显,吸收能力对 ODI 逆向技术溢出的促进作用逐步减弱,可见,当一个地区的技术水平达到某一临界值后,通过自身研发产生的自主创新,比吸收国外技术溢出对技术进步的影响会更大。对于西部地区,由于其技术水平处于弱势地位,吸收能力也比较弱,因此吸收能力对逆向技术溢出的促进作用还没有完全显现。而中部地区,由于其技术水平与国外溢出技术有一定差距,吸收能力刚好能弥补之,从而中部地区吸收能力对逆向技术溢出技术进步的促进作用就比较大。

7　政策建议

从以上各章的理论分析和实证检验可以发现,对外直接投资不仅是中国积极参与国际经济活动、实现资本双向流动的重要方式,而且由其带来的逆向技术外溢效应与创新效应,对中国当前正在实施的创新型国家战略具有重要意义。目前,发达国家仍集中了世界上绝大多数的先进技术成果,发展中国家在技术创新上依旧处于模仿和从属地位。特别的,由于广大发展中国家本身经济发展落后或存在其他诸如人口过于密集等问题,完全依靠自身的技术创新来实现本国技术进步存在巨大困难。因此,发展中国家的技术进步应该积极利用国外技术外溢渠道,以最大限度地获取国外先进技术,从而缩小与发达国家之间的技术差距。中国实施对外开放政策的重要目的也是希望通过利用各种渠道引进、消化、吸收国外的先进技术。1978年,中国敞开大门吸引外资,2000 年,中国实施“走出去”战略,通过“引进来”与“走出去”相结合的发展模式,进一步参与国际分工合作,获得更多的国际技术外溢。实践证明,通过技术寻求型对外直接投资以最大化利用发达国家技术集聚地的外溢效应,将海外机构的研发成果在母国进行迅速的扩散与转化,是中国经济发展的必然选择。由此可见,通过对外直接投资所引致的技术外溢与技术创新,对于母国提升国内自主创新能力与整体技术水平意义重大。在当前世界经济越来越趋向于一体化的大背景下,一国既要立足于自主创新,增强国际竞争力,又要通过参与各种国际经济活动,分享世界知识积累和技术创新的收益,从而最大限度地提高国内创新能力,加速本国技术进步。目前,全球经济正处于经历金融危机冲击后的逐步复苏阶段,中国面临的国际经济形势也不容乐观,作为在国际政治经济舞台上占有重要地位的中国,如何在 21 世纪继续保持经济平稳增长是中国现阶段的主要任务。因此,中国应采取适当的政策与措施,增强国内自主创新能力,加快国外技术引进步伐,从而促进实现整体技术水平提升与国民经济持续增长。

7.1 提升对外直接投资层次与水平,丰富"走出去"战略内涵

7.1.1 深入推进"走出去"战略,加强政府宏观政策支持

"走出去"战略是提高中国对外开放水平的必然选择。随着中国经济技术发展水平的提高,单靠吸引外商直接投资被动式的国际化和外向型已经不能适应新的形势。国家外向型经济模式应由"引进来"战略,转向"引进来"与"走出去"相结合的战略,在通过国外跨国公司投资重组中国资源的同时,中国有实力的企业也应走出去重组国际经济资源,以满足国内经济的发展需求,如投资到资源密集型的国家以缓解中国资源短缺问题等。可以说,无论开拓国外市场空间,优化国内产业结构,获取外部经济资源,争取先进技术来源,还是突破国际贸易保护壁垒,培育中国具有国际竞争力的大型跨国公司,"走出去"都是一种必然选择,也是中国对外开放提高到一个新水平的重要标志。

中国自全面推行"走出去"战略以来,对外直接投资在2003年以后发展迅速,据商务部发布的最新数据显示,2012年中国实现非金融类对外直接投资流量777.3亿美元,同比增长13.3%,对外直接投资流量再创历史新高,成为世界第三大对外投资国。可见,随着中国经济实力的不断增强,中国已成为新兴的备受瞩目的对外直接投资来源地。但是,相对中国引进外商直接投资的总额而言,中国的对外直接投资仍显不足,这与中国实施"走出去"战略起步慢有关。前面第3章详细分析了中国对外直接投资与发达国家的差距,虽然中国对外直接投资流量名列全球国家(地区)前三位,但中国对外直接投资存量却只有全球存量的2.3%,只有美国的1/10。因此,中国的对外直接投资仍有待进一步加速发展,中国应加快对外开放进程,尤其是高技术产品与人才市场的开放,大力加强与跨国公司间的合作,充分获取并吸收国际技术溢出。

就国家宏观层面来说,党的十八大报告已明确指出:"加快走出去步伐,

增强企业国际化经营能力,培育一批世界水平的跨国公司。"党的十八届三中全会也提出:"扩大企业及个人对外投资,确立企业及个人对外投资主体地位,允许发挥自身优势到境外开展投资合作,允许自担风险到各国、各地区自由承揽工程和劳务合作项目,允许创新方式走出去开展绿地投资、并购投资、证券投资、联合投资等。"各级政府应严格落实这一指导思想,为稳步实施"走出去"战略提供政策支持。第一,政府应在投资领域上提供宏观政策指导。通过支持具有战略意义的资源型投资、技术寻求型投资、市场开拓型投资和跨国公司型投资,实现"走出去"战略的政策意图。第二,政府应为投资企业提供信息服务。政府应各尽所能,将其所拥有的包括投资目标国的政治状况、宏观经济、企业要素成本状况、与外资投资有关的法律、税收框架、政府管理程序等基本信息,以各种形式提供给投资企业,并采取多种形式组织信息采集,建立可靠的信息传播机构和渠道,为企业提供咨询、培训,邀请企业参加国家大型商务洽谈活动。第三,政府应为投资企业提供必要的金融支持与投资保险。对于有实力的投资企业,各类融资和担保机构应为其投资活动,特别是对体现国家重大利益的投资活动提供贷款、投资担保。购买海外投资保险,也是不少国外企业降低政治风险的常用手段。目前,中国出口信用保险公司是中国政策性出口信用保险与海外投资保证方面的承保机构,未来有必要进一步开发规避或降低政治风险的保险品种,为企业"走出去"保驾护航。第四,政府应不断完善有关对外直接投资活动的法律与制度。中国应尽快出台《中国对外投资法》,并将其作为调整中国境外直接投资关系的基本法,通过立法确定境外投资企业的地位和作用。此外,还应适时出台《对外投资审查法》《对外投资银行法》《境外国有资产管理法》等,用来协调所在国、海外投资企业与中国政府之间的关系与利益分配,促进中国企业海外投资的健康发展。

7.1.2 鼓励技术寻求型对外投资,加快国外技术引进步伐

改革开放以来,中国外资吸引政策为国民经济增长做出了巨大贡献,但随着世界经济格局的深刻变化,单靠吸引外资已不能满足中国经济的发展需要。中国企业无法真正掌握跨国公司的核心技术,已经开始成为制约企业长期发展和国家产业结构优化调整的瓶颈。为了保持技术优势,外资企业会尽可能地避免在对外投资过程中产生技术外溢,同时,越来越强的独资

化趋势也为东道国学习技术设置了障碍。目前,中国企业在技术方面与发达国家和地区仍存在明显差距,其中最为突出的弱点就是企业自主创新能力较弱,大多数企业仍停留在技术模仿阶段,甚至对某些外来技术还不能完全吸收与消化,因而很难根据市场需求自主开发出既能引领市场又能领先同行的产品。因此,中国要缩短与发达国家和地区的技术差距,在激烈的国际竞争中取得竞争优势,就需要开展技术寻求型对外直接投资,从而规避在吸引外资和对外贸易过程中所遇到的学习壁垒,获得反向的技术外溢。学习型对外直接投资有利于发展中国家企业通过向较高技术水平和产业水平的国家和地区进行投资,吸取国外先进生产技术与管理经验,提高自主创新能力,培育企业竞争优势。根据中国目前对外直接投资的现状,如何鼓励有实力的企业开展学习型对外直接投资是中国当前对外开放过程中需要考虑的重要问题之一。

从政府层面来看,对外直接投资的成功与否尤其需要中国政府的政策支持,政府应采取有效措施大力推进"走出去"战略,积极拓展企业的经济发展空间,积极支持有条件的企业对外投资,加快完善境外投资促进体系。第一,政府应将技术寻求型对外直接投资作为政府扶持的重点投资方式,纳入国家对外开放的长期战略来考虑,转变政府仅把优惠政策集中于境外加工贸易和境外矿产资源开发等领域的做法,把更多资源和优惠政策倾斜于技术寻求型对外直接投资。第二,政府应逐步扩大扶持对象,只要是进行技术寻求型的对外直接投资,无论是国有企业还是民营企业都应享受同等的政策支持,从而让有实力的企业加快"走出去"的步伐。第三,政府应加大对技术寻求型对外直接投资的金融、财政、税收等方面的支持。如增加企业在进行技术寻求型对外直接投资时的信贷额度,放宽相应的外汇管制政策,实行差别的税收优惠政策,适时建立对外投资风险基金,考虑建立技术寻求型对外直接投资亏损准备金制度等。第四,政府应不断加强同技术先进投资目标国的协力共建,与其建立良好的外交关系,与更多的技术先进国签署双边投资保护协定,为国内企业开展技术寻求型直接投资创造有利的投资环境。

从企业层面来看,企业应积极探索新的技术寻求型直接投资合作方式,同时应注意防范和化解境外投资风险。第一,有实力的企业特别是与国际同类企业相比技术比较先进的企业,应到技术更加先进的发达国家和地区进行直接投资,而不是像如今主要集中在亚洲和拉美地区。因为到技术先进的发达地区投资可以更好地模仿当地企业、科研机构的技术研发,可以加速高素质科研人员的交流与互动,甚至引入高素质技术人员直接从事研发活动。第二,企业还应该优先考虑到产业集群和技术集聚的地区进行直接投资,以分享集聚地先进的研发设备与及时的科研动态,从而在外部竞争的激励下,不断进行研发活动,以提高自主创新能力。第三,企业应不断开辟符合自身发展的对外直接投资方式。由于世界经济与技术水平的不断加速发展,传统的"贸易窗口型"或"制造基地型"对外直接投资已逐渐无法适应中国对外开放条件下经济发展内外均衡的要求,因此,进行对外直接投资的企业到发达国家和地区进行投资是采用并购还是新建的方式需要进行斟酌。第四,企业应充分考虑先进技术与本国企业的关联性与适宜性问题,在开展跨国技术并购时应认真分析相关技术、产品的全球市场情况,以确保技术的时效性与先进性。与此同时,企业绝不能忽视自身的研发能力,企业对技术的"引进与自研"需要同时进行,否则企业无法真正成为技术创新的主体。

7.2 积极推动科学技术跨越式发展,壮大国内科技发展实力

7.2.1 增强研发督促和激励机制,切实保障研发人员利益

在前面的实证分析中,已经得到的结论是,尽管对外直接投资给中国带来了正的技术进步效应,但由于中国的技术吸收能力偏弱(表现为研发经费支出占 GDP 的比重较低,从事科技活动的人口密度也较小),中国有可能无法完全消化和吸收这些外来技术,这种状况以后如不加以改善,将严重束缚中国对外来技术的消化与吸收,同时也会严重制约中国的自主创新能力。因此,中国提出了建设"创新型国家"的目标,这要求我们不断提高国内的科技发展实力,不断拓宽各种技术扩散路径,加大对外开放度的程度与层次。

首先,中国应尽快完善督促和激励企业进行研发投入的政策体系,保障开发人员切身利益,不断推进自主创新,缩小中国与发达国家的技术差距。发达国家的先进经验表明,一国的研发机构、企业和高校若有一整套的制度督促和激励企业和人员不停地创造新产品、学习新知识、研究新问题,该国的科技实力将更加强大。其次,应创造宽松的人才环境,吸引海外人才回流。目前发展中国家面临的一个普遍问题就是人才的大量流失，很多到海外留学的人才都选择了留在国外发展，这与国外先进的科研工作环境（如实验室）和较好的学术科研团队密切相关。我们如果可以为归国人员提供更好的科研环境，就能吸引他们回国服务，从而把他们掌握的国际新技术带回本国，促进国内技术水平的提升。最后，企业应加大研发投入的力度，并加强引进高科技人才。目前转型国家和发展中国家仍是以科研机构为主体的技术创新机制，企业的科研人员和研发投入不足使其不能成为技术创新的主体。同样，中国企业的自主研发能力也显不足，2009 年中国大中型工业企业中有发明专利授权的企业为 1893 家，仅占总企业数的 4.7%。

7.2.2 加强核心与关键技术研发，通过创新拉动经济增长

世界著名跨国公司的成功经验都充分证明，自主创新不仅是企业保持竞争优势的关键因素，也是企业扩大市场份额的主要原因。对于中国的企业来说，增加自主研发投入，尤其是一些核心技术和关键技术，加强自主创新意识，才是提高自身技术能力和竞争优势的根本。从第 5 章中关于对外直接投资与东道国和母国研发投入的实证分析可以看到，一方面，东道国的技术创新能力即通过对外直接投资溢出的国外研发资本存量，是影响中国对外直接投资技术进步效应的首要因素；另一方面，中国的技术吸收能力却没有带来有效的促进作用。这充分说明，尽管中国通过各种技术扩散途径获得了发达国家和地区先进的技术，但是较低的研发资本存量和人力资本水平却阻碍了我们利用国际技术扩散增加国内技术存量的进程，长此以往，这种技术外溢的效果就无法显现。因此，对于中国而言，必须不断加强国内核心与关键技术的研发力度，达到通过自主创新推动经济持续增长的发展目标。

第一，不论是国家财政还是企业投入都要加大对研发活动的经费支出。只有具有充足的研发资本，企业才能有实力开展核心与关键技术研发，才有可能研发出具有世界领先技术的高科技产品；要推进创新型企业建设，引导各类创新要素向企业集聚，形成一批拥有核心技术和自主品牌的优势企业，培育中国创新型企业 500 强。第二，要通过加强研发提高创新能力，以促进经济增长的有效转变。改革开放 30 多年来，中国的经济增长方式基本属于粗放型增长，表现出的特点包括：不可持续、出口拉动、结构失衡、高碳经济、

投资拉动、技术引进、忽略环境，等等。因此，中国只有从技术引进型向自主创新型转变，才能有效促进经济增长方式的转变。第三，应集中精力围绕关键领域，突破关键技术。国际金融危机对中国实施自主创新战略、增强自主创新能力提出了更加迫切的需求。一方面，国际金融危机会引发对重大技术突破和产业变革的需求；另一方面，从科学技术发展看，信息、生物、新材料、新能源等领域将孕育和诞生一批新兴产业，成为全球经济增长的新引擎。因此，未来各国经济实力的较量，将首推科技实力的较量。第四，加快产学研一体化步伐，促进科技成果的转化和产业化。依托转制院所、行业骨干企业和高等院校，加快建设一批企业技术创新服务平台，促进科技成果的转化和产业化；面向重点产业振兴，构建一批产业技术创新战略联盟；实施节能减排和新能源创新产品规模化示范应用计划，推动产业升级和结构调整。此外，还应不断推进农业科技创新，引导科技资源和要素向农业和农村转移，开发应用设施农业新技术，构建现代农业产业链等。

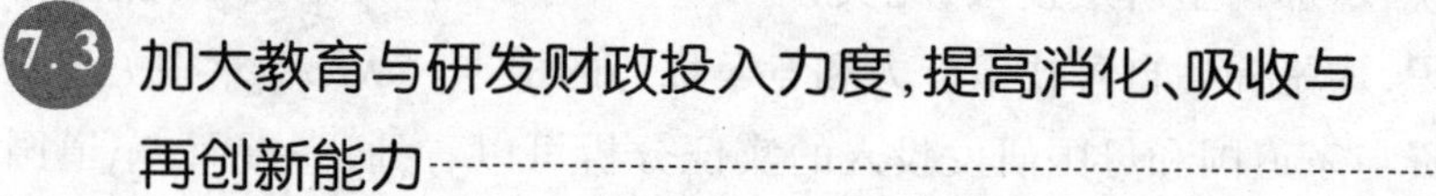

7.3 加大教育与研发财政投入力度，提高消化、吸收与再创新能力

7.3.1 提高人力资本积累效用，培养和造就创新型人才队伍

目前中国的人力资本水平总体不高，特别是中西部地区普遍偏低。这不仅影响了中国自主创新的能力，而且制约了对外来技术消化和吸收的水平。实证研究表明，东道国的人力资本水平是影响一国技术创新与吸收能力的重要因素。一国的教育水平越高，技术基础越好，其技术吸收能力就越强。发展中国家技术水平低的主要原因之一就是缺乏高素质的人才，这严重影响了发展中国家对引进技术的消化、吸收以及自主创新能力，使国际技术扩散效应大打折扣。因此，东道国人力资源的数量和质量是发展中国家成功获得技术扩散的关键。低水平的人力资本积累往往是发展中国家在开放经济条件下经济增长的制约瓶颈。

当今世界正在进行着一场人才和智慧的竞争、创新和创造的较量，建设创新型国家，关键在于人才。因此，要提高人力资本的积累效用，走中国特色自主创新道路，必须培养和造就宏大的创新型人才队伍。改革开放30多年来,中国培养的科技人才茁壮成长,规模迅速扩大。但是与发达国家相比,与中国庞大的人口基数相比,中国科技人员密度太低,这制约了中国的科技发展。因此,我们认为,第一,应突出培养和造就创新型科技人才,特别应加大对中青年科技人才的培养和锻炼。目前中国科技人力资源总量约为5000多万人,但高层次创新型科技人才仅2万人左右。这表明,创新型人才尤其是高层次创新型科技人才匮乏是人才队伍建设的突出问题。因此,按照国家中长期人才发展规划纲要要求,应努力培养一批世界水平的科学家、科技领军人才、工程师和高水平创新团队。第二,应大力开发重点领域急需紧缺专门人才,如新能源、节能环保、新材料、新医药、信息等战略性新兴产业。应围绕推进产业结构优化升级、发展现代产业体系、扩大公共服务、完善社会管理等"十二五"时期经济社会发展重点任务,分系统、分行业制订和实施人才培养开发计划。第三,应注重学生的基础知识教育、综合素质培养,重视学生的个性发展,培养学生的"质疑"精神。特别对于高校学生,应视工程实践训练,提高其创新能力,并建立高校工程教育与企业工程训练紧密结合的创新人才培养机制。第四,应促进人力资本在区域间的合理流动,扩大区际的技术外溢效应,让人才在竞争中消化和吸收引进技术。此外,应进一步加大对海外高层次人才的引进力度。同时,要给引进的高层次人才营造尊重人才的社会环境和平等公开、竞争择优的制度环境。

7.3.2 加大财政教育研发投入,提高消化、吸收与再创新能力

已有文献的研究表明,一国国内研发开支越大,与技术主导国的生产率差距缩小得就越快。与发达国家相比,落后国家尽管在技术水平与经济实力上都具有劣势,但若想发挥后发优势,充分利用各种国际技术扩散途径带来的先进技术,就必须加大研发投人以提高消化和吸收能力。R&D 活动的两面性也表明,R&D 活动不仅是一国自主创新的重要源泉,同时也是提高一国对外来技术吸收能力的关键因素,而进行研发投入离不开的就是人这个主体。目前中国基本停留在对外来技术的引进上,离自主创新尚存距离。要想改变这种局面,我们就应该加大国家财政在教育和研发上的投资力度,从而提高技术吸收能力。长期以来,中国国家财政科技与教育支出占 GDP 比重都偏低,尽管 2012 年中国公共财政教育经费支出占 GDP 的比重首次超过了 4%,但是中国的人均财政科技与教育支出仍然很少。因此,以后应继

续加大对科技与教育的财政投入。

一方面，根据国家统计局的数据，2012 年中国 R&D 经费支出达 10298.4 亿元，排在美国、日本之后，位居世界第三。尽管如此，2012 年中国研发投入强度（即研发支出与 GDP 之比）却只有 1.98%，虽创历史新高，但与世界领先国家 3% 左右的水平相比差距仍较大。因此，继续加大研发投入经费是提高中国科技实力的必要措施。同时要加大对基础研究和应用研究的研发经费支出比重，目前中国在这两方面的投入严重不足，从而导致了中国科技发展根基不够坚实，原始创新能力不足。应借鉴发达国家关于 R&D 投入的激励政策，结合中国各区域各行业的技术特点，改进相关的 R&D 税收激励制度政策。中国在大力加大 R&D 投入的同时，还应注意 R&D 投入的收益率，改善 R&D 投入结构。

另一方面，百年大计，教育为本，实现又好又快率先发展，根本在人才，关键靠教育。要想实现经济腾飞，必须加快教育发展，坚持把教育摆在优先发展的战略地位，才能全面提升中国的教育发展水平，才能为中国经济腾飞提供强有力的人力资源保证。因此，建议各地进一步加大教育投入，注重人力资本积累，从而提高区域创新能力。尽管近年来中国财政性教育经费不断增加（2004—2011 年中国公共财政教育支出从 4000 多亿元增加到 1.6 万多亿元），但占 GDP 的比重还没有达到世界衡量教育水平的基础线 4%，直到 2012 年才终于首次突破 4%。而且，中国在加大国家教育投入的同时，还应继续加大对中西部农村教育的支持力度。应确保各级政府和学校用好教育经费。明确新增教育投入的重点，将其用于促进教育公平和提高教育质量，重点支持农村和欠发达地区教育事业发展。此外，为促进各区域经济协调发展，国家应针对中西部地区的落后现状出台相应的发展对策，如根据中西部地区特有的比较优势，继续加大中西部地区基础设施建设的投资力度，健全中西部地区的科技创新体系，加大对中西部地区企业研发与人才培养的投入，从而提高中西部地区的技术吸收能力。

8 结论与展望

8.1 本书的主要研究结论

本书在综合内生增长理论、技术进步理论与国际投资理论的基础上，讨论了基于对外直接投资的逆向技术外溢效应、技术创新效应与影响因素，并选取中国对九个样本国家和地区的对外直接投资进行了实证研究。提出了技术外溢、技术创新与对外直接投资的理论分析框架，讨论了对外直接投资逆向技术溢出效应与创新效应的作用机理，对影响对外直接投资技术进步效应的主要因素进行了分析。就中国对外直接投资的发展及其逆向技术外溢效应，中国技术创新现状与对外直接投资的技术创新效应分别进行了详细的实证检验。从东道国和母国两个层面对影响中国对外直接投资技术进步效应的相关因素进行了实证研究。总的来说，本书结论可以归纳为以下五个方面：

(1)母国对外直接投资与国内技术进步密切相关。随着科学技术在一国国际竞争力中地位的不断上升，越来越多的研究开始关注如何提升国家的整体技术水平。众所周知，不论是发达国家还是发展中国家，都不可能完全依赖本国的自主研发获得所有的先进技术。国际贸易和吸引外商直接投资作为各国对外开放的重要形式，不仅直接促进了各国的经济增长，还带来了正的外部性即技术外溢。本书以中国为实证分析对象，对中国的对外直接投资及其技术进步效应展开了详细的讨论与研究。本书着重论述了对外直接投资与逆向技术外溢、技术创新之间的理论联系。分别构建了对外直接投资的逆向技术外溢效应模型、对外直接投资促进母国技术创新的理论模型，从东道国视角和母国视角分别讨论了影响对外直接投资技术进步效应的重要影响因子。通过对中国的实证研究发现,母国对外直接投资与国内技术进步密切相关。

(2)母国对外直接投资能产生正的逆向技术进步效应。已有关于国际贸易、吸引外资与技术进步关系的大量研究表明,任何一个开放的国家都有可能从对外开放的各类渠道获得国际先进技术外溢,这和技术本身所具有的不同程度的外部性与可溢性是分不开的。本书第3、第4章中关于中国的实证分析已充分说明,正如国际贸易与吸引外资一样,对外直接投资也已经成为获取国外技术的重要渠道。第3章在借鉴CH模型和LP模型中关于国际技术外溢实证研究成果的基础上,构建了中国基于对外直接投资的技术外溢效应模型,并选取中国对外直接投资比较集中且属于技术水平比较发达的九个国家(地区),考察了中国直接投资到这些国家(地区)所产生的逆向技术外溢程度。实证结果表明,对外直接投资对于中国的全要素生产率产生了正面影响,对外直接投资的逆向技术外溢效应显而易见,中国通过对外直接投资渠道确实获得了东道国(地区)的研发资本存量溢出。第4章在对中国技术创新活动现状分析及国际比较的基础上,分别从投入和产出两个角度建立了两个模型来综合考察对外直接投资对母国的技术创新效应。实证分析的结果表明,与吸引外商直接投资相比,中国通过对外直接投资渠道获得的外国研发资本溢出对国内的技术创新活动带来了正的影响,并且这种影响主要表现在国内的研发投入上,中国对外直接投资对发明专利授权量的影响程度明显大于对专利授权总量的影响程度。因此,中国在积极实施"走出去"战略的同时,应更加注重对技术领先国家和地区的直接投资,从而更大限度地分享东道国先进技术。

(3)母国对外直接投资技术进步效应的程度受到多重因素的影响。研究表明,国际技术外溢效应不可能完全自动发生,即使通过各种国际经济活动能产生技术外溢,也不会必然促进一国的技术进步。这是因为,一方面,国际技术外溢的发生程度会受到来自国内外诸多因素的影响;另一方面,获得国际技术外溢的国家是否能促进本国技术进步,还需要看该国自身的技术消化吸收能力。本书第5章分别从东道国和母国两个视角详细阐述了影响对外直接投资技术进步效应的影响因素。从东道国的视角来看,东道国的技术创新能力、经济发展水平、对外开放程度等因素对中国对外直接投资的技术进步效应存在正的影响,实证分析表明东道国的研发资本存量影响系数最大。可见,如果一国对外直接投资选择的东道国是那些创新能力强、研发资本与人力资本丰裕的国家,那么母国可能获得的逆向技术溢出效应就会越多,就越能促进本国技术发展。从母国的视角来看,母国的技术吸收能力、实际有效汇率和金融发展水平等因素对中国对外直接投资的技术进步效应存在正的影响,不过,由于中国的研发投入、财政教育支出较低,人力资本水平不高,从而使得中国的技术吸收能力没有起到其应有的促进作用。实证结果表明,中国的实际有效汇率、金融发展水平与TODI交互项的影响系数最大,而代表吸收能力的三个指标与TODI交互项的影响系数偏低。因此,中国的对外直接投资,不仅要对东道国和地区进行甄选,而且还必须不断提高本国的研发经费支出、财政教育支出,培养更多的从事科技活动的人员,从而提高本国消化吸收先进技术的能力。

(4)母国区域吸收能力会对ODI逆向技术溢出效应产生影响。国际资本流动带来的技术溢出是促进一国技术进步和经济增长的重要方式,而母国的吸收能力却是实现外溢技术真正转化为内部技术的关键。本书第6章基于母国吸收能力的视角,在总结已有关于ODI逆向技术溢出吸收能力影响因素的研究基础上,构建母国吸收能力综合评价模型,从获取能力、同化能力、再创新能力三个分能力细分而成的21个指标测度各区域吸收能力,并分区域实证检验了母国ODI逆向技术溢出吸收能力对中国区域技术进步作用的大小。研究表明:影响地区吸收能力的主要因素为市场对外开放度、产出集聚效应、技术市场发展水平和开放度、技术能力;东部地区不仅整体吸收能力比中西部地区显著,且对应的各分能力比中西部地区显著。地区吸收能力是影响ODI逆向技术溢出效应的重要因素,中部地区吸收能力的促进作用比东西部地区显著。

(5)为充分发挥对外直接投资对母国的技术进步效应应在各方面提供政策支持。为了极大限度地发挥对外直接投资的技术传递作用,中国需要从以下方面提供政策支持:第一,中国对外直接投资目前呈现的高密集性与低水平状况不利于技术外溢效应的发挥,因此应提升对外直接投资的层次与水平,不断扩大对外直接投资的“质”与“量”;第二,目前中国对外直接投资的技术需求动力仍显不足,这大大减少了母国获取东道国先进技术的可能性,因此应鼓励技术寻求型对外直接投资,加快国外技术引进步伐;第三,国内相对较低的研发投入与创新产出水平成为影响中国对外来技术消化、吸收再创新的主要阻力，因此应积极推动中国科学技术的跨越式发展，壮大国内科技发展实力；第四，由于人口基数过大等因素，中国目前的教育投入与科技投入仍显不足，这也制约了中国的消化吸收能力，因此今后应继续加大财政在教育与科技方面的投入力度，以提高本国的消化吸收与再创新水平。

8.2 未来的研究展望

当然，本书在许多方面仍存在需要进一步完善或者改进的地方。

(1)虽然国内已有少量学者论证并检验了对外直接投资与母国技术进步或者产业升级的关系。但从研究的过程与结果来看，已有关于本主题文献最终的研究结果都各有差异，这可能和学者们采用了不同的测量指标有关。如对于TFP的测算中，关于K值的折旧率，部分认为是0，而部分认为是5%，同样关于R&D资本的折旧率也各有观点。同时，在计算各国研发经费的增长率时，由于各自采取了不同的换算系数，如CPI、PPP等，因此得到的结论也大相径庭。此外，在考察技术创新产出的指标时，本书采用了通用的专利指标，只是对其细化到了发明专利。但值得注意的是，专利或许只能反映技术创新的数量，而技术创新的其他方面，如产品市场竞争力、对新技术的吸收和消化能力等是专利数据所不能涵盖的。因此，是否需要构建反映企业技术创新能力的合理指标体系，并对具体行业具体研究或许是笔者以后需要进一步研究的地方。

(2)本书受到R&D、对外直接投资等变量1990年以前的统计数据部分国家以及中国省份大量缺失的影响，无法进一步扩充样本进行分析。特别是由于这部分数据很难获取，本书也仅仅是讨论了对外直接投资的逆向技术外溢、技术创新及其影响因素等方面的内容。而原本准备以中国省际面板数据为样本分析对外直接投资的逆向技术外溢，以及对外直接投资对中国高技术产业的经验分析，最终都因为无法获取足够的样本数据而不得不放弃。今后对上述数据库的不断完善以作进一步分析也是将来研究的一个方向。

(3)本书对于技术进步效应影响因素的分析仅从东道国和母国两个角度展开了讨论。并且考虑到数据的可获得性以及指标的代表性，只考察了东道国的R&D资本存量、专利授权量、人均国民生产总值、对外开放度，母国的研发投入情况、人力资本状况、实际有效汇率、金融发展水平等因素。但事实上，对外直接投资的技术进步效应是一个非常复杂的问题，其影响因子也不可能只有上述几个。比如东道国的引资政策与产业结构、母国的政策支持水平与市场自由化程度等，本书受篇幅和时间的限制，未能对其加以一一验证，是有一定片面性的。因此，对影响因子的不断发掘与修正将是作者今后需要不断完善的地方。

总之，对于本书中存在的上述问题，笔者将通过学习与探索，力争在今后的研究中加以解决或完善。

参考文献

[1] Acemoglu, D. and Zilibotti, F. Information Accumulation in Development[J]. *Journal of Economic Growth*, *Springer*, 1999, 4(1): 5 -38.

[2] Benhabib, J., Spiegel, M. The Role of Human Capital in Economic Development: Evidence from Aggregate Cross - Country Data[J]. *Journal of Monetary Economics*, 1994, 34(2): 143 -173.

[3] Bitzer, J. and Görg, H. Foreign Direct Investment, Competition and Industry Performance[J]. *The World Economy*, 2009, (2): 21 -233.

[4] Bitzer, J. and Kerekes, M. Does Foreign Direct Investment Transfer Technology Across Borders? New Evidence[J]. *Economics Letters*, 2008, 100 (3): 355 -358.

[5] Borensztein, E., Gregoria, J. D., Lee, J. W. How Does Foreign Direct Investment Affect Economic Growth[J]. *Journal of International Economics*, 1998, 15(1): 115 -135.

[6] Braconier, H., Ekholm, K. H. In Search of FDI - Transmitted R&D Spillovers: A Study Based on Swedish Data[J]. *Review of World Economics*, 2001, 137 (4): 644 -665.

[7] Braconier. H. and Ekholm, K. Foreign Direct Investment in Central and Eastern Europe: Employment Effects in the EU[R]. *Development Working Papers* 161, *Centro Studi Luca d\'Agliano*, *University of Milano*, 2002.

[8] Branstetter, L. Is Foreign Investment a Channel of Knowledge Spillovers? Evidence from Japan's FDI in the United States[R]. *NBER Working Paper*, No. 8015, 2000.

[9] Branstetter, L. Is Foreign Investment a Channel of Knowledge Spillovers -

Evidence from Japan's FDI in the United States[J]. *Journal of International Economics*, 2006, 68(2): 325 -244.

[10]Buckley, P. J., and Casson, M. The Future of the Multinational Enterprise[M]. *London: Macmillan*, 1976.

[11]Cantwell, J. A. and Tolentino, P. E. Technological Accumulation and Third World Multinationals [R]. *Paper Presented at the Annual Meeting of the European International Business Association, Antwerp, December*, 1987.

[12]Cantwell, J. A. and Tolentino, P. E. The Technological Competence Theory of International Production and Its Implications [R]. *Discussion Papers in International Investment and Business. University of Reading*, 1999: 149.

[13]Caselli, F. and Coleman, W. J. Cross - Country Technology Diffusion: The Case of Computers [J]. *American Economic Review*, 2001, 91(2): 328 -335.

[14]Chang Sea - Jin. International Expansion Strategy of Japanese Firms: Capability Building through Sequential Entry [J]. *Academy of Management Journal*, 1995, 38(2): 383 -407.

[15]Coase, R H. The Nature of the Firm [J]. *Economica*, 1937, 11 (4): 386 -405.

[16]Coe, D. E. and E. Helpman. International R&D Spillovers [J]. *European Economic Review*, 1995(39): 859 -887.

[17]Coe, D. E., E. Helpman, and A. Hoffmaister. North - South R&D Spillovers [J]. *Economic Journal*, 1997(107): 134 -149.

[18]Cohen, W. M., Levinthal, D. A. Innovation and Learning: The Two Faces of R&D [J]. *Economic Journal*, 1989 (99): 569 -596.

[19]Cohen, W. M., Levinthal, D. A. Absorptive Capacity: A New Perspective Learning and Innovation [J]. *Administrative Science Quarterly*, 1990 (35): 128 -152.

[20] Driffield, N. and James, H. Foreign Direct Investment, Technology Sourcing and Reverse Spillovers[J]. *The Manchester School*, 2003, 71(6): 659 - 672.

[21]Dunning, John H., International Production and the Multinational Enterprise [M]. *London: George Allen and Unwin*, 1981.

[22]Eaton, J. and S. Kortum. International Patenting and Technology Diffusion: Theory and Measurement[J]. *International Economic Review*, 1999(40): 537 –570.

[23]Eaton, J. and S. Kortum. Trade in Ideas: Patenting and Productivity in the OECD[J]. *Journal of International Economics*, 1996, (40): 251 –278.

[24]Evenson, R. E. and Westphal, L. E. Technological Change and Technology Strategy [J]. *Handbook of Development Economics*, 1995, (3): 2209 –2299.

[25]Fosfuri, A., Motta, M. and Rønde, T. Foreign Direct Investment and Spillovers through Workers' Mobility [J]. *Journal of International Economics*, 2001, 53, (1): 205 –222.

[26]Grossman, G. and Helpman, E. Comparative Advantage and Long – Run Growth [J]. *American Economic Review*, 1990(80): 796 –815.

[27]Gwanghoon Lee. The Effectiveness of International Knowledge Spillover Channels [J]. *European Economic Review*, 2006(50): 2075 –2088.

[28] Hall, B. H. and Mairesse, J. Exploring the Relationship between R&D and Productivity in French Manufacturing Firms [J]. *Journal of Econometrics*, 1995(65): 263 –293.

[29]Haro – Domínguez M. C., Arias – Aranda D, Lloréns – Montes F. J. et al. The Impact of Absorptive Capacity on Technological Acquisitions Engineering Consulting Companies [J]. *Technovation*, 2007, 27(8): 417 –425.

[30]Head, C. Keith, Ries John, C., Swenson Deborah, L. Attracting Foreign Manufacturing: Investment Promotion and Agglomeration [J]. *Regional Science and Urban Economics*, 1999, 29(2):197 –218.

[31]Head, K., John Ries and Barbara, J. Spencer. Vertical Networks and US Auto Parts Exports: Is Japan Different? Journal of Economics & Management Strategy [J]. *Blackwell Publishing*, 2004, 13(1): 37 –67.

[32]Homin Chen and Tain – Jy Chen. Asymmetric Strategic Alliances: A Network View [J]. *Journal of Business Research*, 2002, 55(12): 1007 –1013.

[33]Hwang. Why do Korean Firms Invest in the EU? Evidence from FDI in the Peripheral Regions [R]. *EI Working Paper*, 2003.

[34]Hymer, S. The International Operations of National Firms: A Study of

Direct Investment [M]. *Gambridge*: *MIT press*, 1976: 260 - 264.

[35] Keller, W. Absorptive Capacity: On the Creation and Acquisition of Technology in Development [J]. *Journal of Development Economics*, 1996(49): 199 - 227.

[36] Keller, W. Knowledge Spillovers at the World's Technology Frontier [R]. *CEPR Working Paper*, 2001, No. 2815.

[37] Keller, Wolfgang. International Technology Diffusion [J]. *Journal Economic Literature*, 2004, 42(3): 752 - 782.

[38] Kindleberger, C. P. American Business Abroad: Six Lectures on Direct Investment [M]. *New Haven*: *Yale University Press*, 1969: 19 - 23.

[39] Kinoshita, Y. R&D and Technology Spillovers via FDI: Innovation and Absorptive Capacity [R]. *Working Papers*, *William Davidson Institute*, 2000, No. 349: 2 - 21.

[40] Kiyoshi Kojima. Direct Foreign Investment: a Japanese Model of Multinational Business Operations [M]. *London*: *Croom Helm*, 1978.

[41] Kogut, B. Chang, S. Technological Capabilities and Japanese Foreign Direct Investment in the United States [J]. *The Review of Economics and Statistics*, 1991(73): 401-413.

[42] Kojima, K. Direct Foreign Investment: A Japanese Model of Multinational Business Operations [M]. *London*, *Croom Helm*, 1978.

[43] Kokko, A., Zejan, J. Local Technological Capability and Productivity Spillovers from FDI in the Uruguayan Manufacturing Sector [J]. *Journal of Development Studies*, 1996, 32(4): 602 - 611.

[44] Kumar, Names. Globalization, Foreign Divest Investment and Technology Transfers: Impacts on and Prospects for Developing Countries [M]. *New-York*: *Rout ledge*, 1998.

[45] Lall, S. (ed). The New Multinationals: The Spread of Third Enterprise [M]. *Jhon Wiley and Sons*, 1983.

[46] Lichtenberg, F. and Pottelsberghe de la Potterie, B. International R&D spillovers: A Comment [J]. *European Economic Review*, 1998(42): 1483 - 1491.

[47] Lucas, R. E. On the Mechanics of Economic Development [J].

Journal of Monetary Economics, 1988 (22): 3 – 42.

[48] MacDougall, G. The Benefits and Costs of Private Investment from Abroad: A Theoretical Approach [J]. *Economic Record*, 1960(36): 13 – 35.

[49] Meijl, H. V and F. V. Tongeren. Endogenous International Technology Spillovers and Biased Technical Change in Agriculture. Economic Systems Research [J]. *Taylor and Francis Journals*, 1999 (11): 31 – 48.

[50] Mowery, D. C., J. E. Oxley. Inward Technology Transfer and Competitiveness: The Role of National Innovation Systems [J]. *Cambridge Journal of Economics*, 1995 (19): 67 – 93.

[51] Narula, R. Understanding Absorptive Capacities in an "Innovation Systems" Context: Consequences for Economic and Employment Growth [R]. *DRUID Working Paper*, 2004, No. 04 – 02: 3 – 46.

[52] Neven, D. and Siotis, G. Foreign Direct Investment in the European Community: Some Policy Issues [J]. *Oxford Review of Economic Policy*, 1993, 9(2): 72 – 93.

[53] Neven, D. and Siotis, G. Technology Sourcing and FDI in the EC: An Empirical Evaluation [J]. *International Journal of Industrial Organization*, 1996, 14(5): 543 – 560.

[54] Olofsdotter, K. Foreign Direct Investment, Country Capabilities and Economic Growth [J]. *Review of World Economics*, 1998, 134(3): 534 – 547.

[55] Ozawa Terutomo. Foreign Direct Investment and Economic Development [J]. *Transnational Corporations*, 1992, 1(1): 27 – 54.

[56] Pakes, A. and Schankerman, M. Rates of Obsolescence of Knowledge, Research Gestation Lags, and the Private Rate of Return to Research Resources [M]. *in Z., Griliches (ed), R&D, Patents and Productivity, Chicago: University of Chicago Press*, 1984, 73 – 88.

[57] Perez, T. Multinational Enterprises and Technological Spillovers: an Evolutionary Model [J]. *Evolutionary Economics*, 1997, 7(2): 169 – 192.

[58] Pontus, B., Lars, O., and Per Thulin. The Relationship between Domestic and Outward Foreign Direct Investment: The Role of Industry – Specific Effects [J]. *International Business Review*, 2005, (14): 677 – 694.

[59]Pottelsberghe de la Potterie, B. and Lichtenberg, F. Does Foreign Direct Investment Transfer Technology Across Borders? [J] *The Review of Economics and Statistics*, 2001, 83 (3): 490 -497.

[60]Redding, S. The Low - skill, Low - Quality Trap: Strategic Complementarities between Human Capital and R&D [J]. *Economic Journal*, 1996, (106): 458 -470.

[61]Redding, G. and J. Van Reenen. Mapping the Two Faces of R&D: Productivity Growth in a Panel of OECD Industries [R]. *IFS Working Paper WP02/00*, *Institute for Fiscal Studies*, *London*, 2000.

[62]Sea Jin Chang. International Expansion Strategy of Japanese Firms: Capability Building through Sequential Entry [J]. *The Academy of Management Journal*, 1995, 38(2): 383 -407.

[63]Siotis, G. Foreign Direct Investment Strategies and Firms' Capabilities [J]. *Journal of Economics and Management Strategy*, 1999, 8(2): 251 -270.

[64]Teece, D. J. Foreign Investment and Technological Development in Silicon Valley [J]. *California Management Review*, 1992, 34 (2): 88 -106.

[65]Vahter, P. and Masso, J. Home versus Host Country Effects of FDI: Searching for New Evidence of Productivity Spillovers [J]. *Applied Economics Quarterly*, 2007, 53 (2): 165 -196.

[66]Vernon, R. International Investment and International Trade in the Product Cycle [J]. *Quarterly Journal of Economics*, 1966, 80(2): 190 -207.

[67]Wells, L. T. Third World Multinationals [M]. *Cambridge*, *Massachusetts*: *MIT Press*, 1983.

[68]Wolfgang Becker, Juergen Peters. TechnologicalOpportunities, Absorptive Capacities, and Innovation[R]. *Discussion Paper Series* 195, *Universitaet Augsburg*, *Institute for Economics*, 2000.

[69]Xu, B. Multinational Enterprises, Technology Diffusion and Host Country Productivity Growth [J]. *Journal of Development Economics*, 2000, 62 (2): 477 -493.

[70]Zahra, S. A., George, G. Absorptive Capacity: A Review Reconceptualization, and Extension [J]. *Academy of Management Review*, 2002, 27(2):

185 - 203.

[71]白洁. 对外直接投资的逆向技术溢出效应——对中国全要素生产率影响的经验检验[J]. 世界经济研究, 2009(8): 65 - 69.

[72]白洁. 中国企业的技术寻求型海外投资战略分析[J]. 中国科技论坛, 2009(4): 26 - 40.

[73]包群. 是否存在出口外溢的结构性差异——多部门外溢模型及实证[J]. 南开经济研究, 2007(4): 58 - 71.

[74]薄文广, 马先标, 冼国明. 外国直接投资对于中国技术创新作用的影响分析[J]. 中国软科学, 2005(11): 45 - 55.

[75]陈菲琼, 傅秀美. 区域自主创新能力提升研究——基于 ODI 和内部学习网络的动态仿真[J]. 科学学研究, 2010(1): 133 - 140.

[76]陈菲琼, 虞旭丹. 企业对外直接投资对自主创新的反馈机制研究: 以万向集团 OFDI 为例[J]. 财贸经济, 2009(3): 101 - 106.

[77]陈菲琼, 钟芳芳, 陈珧. 中国对外直接投资与技术创新研究[J]. 浙江大学学报, 2013(6): 1 - 12.

[78]陈国宏, 郭弢. 我国 FDI、知识产权保护与自主创新能力关系实证研究[J]. 中国工业经济, 2008(4): 25 - 33.

[79]陈涛涛, 狄瑞鹏. 我国 FDI 行业内溢出效应阶段性特征的实证研究[J]. 金融研究, 2008(6): 169 - 182.

[80]陈岩. 中国对外投资逆向技术溢出效应实证研究: 基于吸收能力的分析视角[J]. 中国软科学, 2011(10): 61 - 72.

[81]陈钰芬, 陈劲. FDI 技术外溢、吸收能力和人力资本关系的文献综述[J]. 科研管理, 2008(1): 122 - 129.

[82]杜群阳, 朱勤. 海外投资的 R&D 外溢: 高技术产业的实证分析[J]. 财贸经济, 2007(9): 94 - 99.

[83]冯跃. 逆向 FDI 促进母国技术进步的传导机制和制约因素分析[J]. 现代管理科学, 2008(6): 76 - 77.

[84]符宁. 人力资本、研发强度与进口贸易技术溢出——基于我国吸收能力的实证研究[J]. 世界经济研究, 2007(11): 37 - 42.

[85]傅家骥. 技术创新学[M]. 北京: 清华大学出版社, 1998: 1 - 5.

[86]高敏雪, 李颖俊. 对外直接投资发展阶段的实证分析——国际经

验与中国现状的探讨[J]. 管理世界, 2004(2): 55-60.

[87]何一鸣, 张洪燕. 中国对外直接投资与逆向技术溢出关系的实证研究[J]. 中国海洋大学学报(社会科学版), 2011(1): 52-55.

[88]黄武俊, 燕安. 中国对外直接投资发展阶段实证检验和国际比较[J]. 国际商务(对外经济贸易大学学报), 2010(1): 67-73.

[89]霍杰. 对外直接投资对全要素生产率的影响研究——基于中国面板数据的分析[J]. 山西财经大学学报, 2011(33): 1-7.

[90]姜萌萌, 庞宁. 技术缺口与技术寻求型对外直接投资——发展中国家对外直接投资分析[J]. 黑龙江经贸, 2006(5): 35-36.

[91]蒋殿春, 张宇. 经济转型与外商直接投资技术溢出效应[J]. 经济研究, 2008(7): 26-38.

[92]阚大学. 对外直接投资的反向技术溢出效应——基于吸收能力的实证研究[J]. 商业经济与管理, 2010(6): 53-58.

[93]赖明勇, 包群, 阳小晓. 我国外商直接投资吸收能力研究[J]. 南开经济研究, 2002(3): 45-50.

[94]赖明勇, 张新, 彭水军, 包群. 经济增长的源泉:人力资本、研发开发与技术外溢[J]. 中国社会科学, 2005(2): 32-46.

[95]李梅, 金照林. 国际R&D、吸收能力与对外直接投资逆向技术溢出——基于我国省际面板数据的实证研究[J]. 国际贸易问题, 2011(10): 124-136.

[96]李梅, 柳士昌. 对外直接投资逆向技术溢出的地区差异和门槛效应——基于中国省际面板数据的门槛回归分析[J]. 管理世界, 2012(1): 21-32.

[97]李梅, 谭力文. FDI对我国技术创新能力溢出的地区差异和门槛效应检验[J]. 世界经济研究, 2009(3): 68-74.

[98]李梅. 人力资本、研发投入与对外直接投资的逆向技术溢出[J]. 世界经济研究, 2010(10): 69-75.

[99]李平. 国际技术扩散对发展中国家技术进步的影响: 机制、效果和对策分析[M]. 上海: 三联书店, 2007.

[100]李平. 基础制度的变迁及其对国际技术扩散的影响[J]. 世界经济与政治论坛, 2005(3): 27-30.

[101]李小平，卢现祥，朱钟棣．国际贸易、技术进步和中国工业行业的生产率增长[J]．经济学(季刊)，2008(2)：549－564.

[102]李小平，朱钟棣．国际贸易、R&D溢出和生产率增长[J]．经济研究，2006(2)：31－43.

[103]李杏．外商直接投资技术外溢吸收能力影响因素研究——基于中国29个地区面板数据分析[J]．国际贸易问题，2007(12)：79－86.

[104]林青，陈湛匀．中国技术寻求型跨国投资战略：理论与实证研究——基于主要10个国家FDI反向溢出效应模型的测度[J]．财经研究，2008(6)：86－98.

[105]刘凯敏，朱钟棣．我国对外直接投资与技术进步关系的实证研究[J]．亚太经济，2007(1)：98－101.

[106]刘明霞，王学军．我国对外直接投资的逆向技术溢出效应——基于省际面板数据的实证分析[J]．国际商务(对外经济贸易大学学报)，2009(4)：57－62.

[107]刘明霞．中国对外直接投资的逆向技术溢出效应——基于技术差距的影响分析[J]．中南财经政法大学学报，2010(3)：16－21.

[108]刘伟全．我国OFDI母国技术进步效应研究——基于技术创新活动的投入产出视角[J]．中国科技论坛，2010(3)：96－101.

[109]刘伟全．中国OFDI逆向技术溢出与国内技术进步研究[D]．山东大学，2010.

[110]柳卸林，高太山．中国区域创新能力报告2012[M]．北京：科学出版社，2013.

[111]马亚明，张岩贵．技术优势与对外直接投资：一个关于技术扩散的分析框架[J]．南开经济研究，2003(4)：10－14.

[112]倪海青，张岩贵．知识产权保护、FDI技术转移与自主创新[J]．世界经济研究，2009(8)：58－64.

[113]欧阳艳艳，喻美辞．中国对外直接投资逆向技术溢出的行业差异分析[J]．经济问题探索，2011(4)：102－107.

[114]欧阳艳艳．中国对外直接投资逆向技术溢出的境外地区分布差异性研究[J]．华南农业大学学报(社会科学版)，2012(1)：43－50.

[115]欧阳艳艳．中国对外直接投资逆向技术溢出的影响因素分析

[J]. 世界经济研究, 2010(4): 66－71.

[116]逄增辉. 国际直接投资理论的发展与演变[J]. 经济评论, 2004(1):119－124.

[117]仇怡, 吴建军, 吴友. 我国对外直接投资的演进与发展特征探析[J]. 湖南财政经济学院学报, 2012(3): 42－48.

[118]仇怡, 吴建军. 从投资国视角看 ODI 逆向技术外溢的影响因素[J]. 财经科学, 2012a(8): 75－83.

[119]仇怡, 吴建军. 外商直接投资、技术外溢与我国经济增长[J]. 湖南科技大学学报(社科版), 2006(4): 74－79.

[120]仇怡, 吴建军. 我国对外直接投资的逆向技术外溢效应研究[J]. 国际贸易问题, 2012b(10): 140－152.

[121]仇怡. 改革开放以来中国研发投入的现状及国际比较(1978—2003年)[J]. 中国经济史研究, 2009(1): 62－70.

[122]仇怡. 技术创新、技术扩散与国际贸易——理论与中国的实证研究[M]. 长沙:湖南人民出版社, 2008.

[123]屈展. 我国对外直接投资对国内全要素生产率的影响研究[J]. 管理学家, 2011(6): 42－56.

[124]茹运青, 孙本芝. 我国 ODI 不同进入方式的逆向技术溢出分析——基于技术创新投入产出视角的实证检验[J]. 科技进步与对策, 2012(5): 16－19.

[125]沙文兵. 对外直接投资、逆向技术溢出与国内创新能力——基于中国省际面板数据的实证研究[J]. 世界经济研究, 2012(3): 69－74.

[126]宋京. 开放经济下技术进步途径探析[J]. 亚太经济, 2004(4): 79－82.

[127]孙欢欢. 中国 OFDI 的逆向技术溢出效应及其影响因素分析[D]. 山东大学, 2010.

[128]汪斌, 李伟庆, 周明海. ODI 与中国自主创新: 机理分析与实证研究[J]. 科学学研究, 2010(6): 926－933.

[129]王明友. 知识经济与技术创新[M]. 北京: 经济管理出版社, 1999.

[130]王英, 刘思峰. 国际技术外溢渠道的实证研究[J]. 数量经济技

术经济研究，2008(4)：153－161.

[131]王英，刘思峰．中国ODI反向技术溢出的实证分析[J]．科学学研究，2008(2)：294－298.

[132]王永齐．贸易溢出、人力资本与经济增长——基于中国数据的经验研究[J]．南开经济研究，2006(1)：101－113.

[133]吴建军，仇怡．对外直接投资的技术进步效应：一个文献综述[J]．湖南科技大学学报(社会科学版)，2012(4)：65－69.

[134]吴建军，仇怡．人力资本与贸易集聚对技术扩散模型的拓展与应用[J]．中国软科学，2007(8)：138－144.

[135]吴建军，仇怡．我国对外直接投资的技术创新效应:基于研发投入和产出的分析视角[J]．当代经济科学，2013(1)：75－80.

[136]吴建军．中国ODI技术进步效应的影响因素研究——基于东道国的分析视角[J]．经济经纬，2013(3)：68－74.

[137]吴延兵．自主研发、技术引进与生产率——基于中国地区工业的实证研究[J]．经济研究，2008(8)：51－64.

[138]项本武．东道国特征与中国对外直接投资的实证研究[J]．数量经济技术经济研究，2009(7)：33－46.

[139]谢建国．市场竞争、东道国引资政策与跨国公司的技术转移[J]．经济研究，2007(6)：87－97.

[140][美]熊彼特．经济发展理论(中译本)[M]．北京：商务印书馆，1990.

[141]许和连，王艳，邹武鹰．人力资本与国际技术扩散：基于进口贸易的实证研究[J]．湖南大学学报(社科版)，2007(2)：62－66.

[142]许庆瑞．研究、发展与技术创新[M]．北京：高等教育出版社，2000.

[143]余官胜．对外直接投资、地区吸收能力与国内技术创新[J]．当代财经，2013(9)：100－108.

[144]遇芳．中国企业技术寻求型对外直接投资研究[J]．商业研究，2011(12)：40－44.

[145]张斌盛．中国FDI技术吸收能力实证研究[D]．华东师范大学2006.

[146]张诚，张艳蕾，张健敏．跨国公司的技术溢出效应及其制约因素[J]．南开经济研究，2011(3)：3－5．

[147]张海洋．市场化进程对外资技术溢出的影响：中国的经验[J]．南方经济，2008(5)：3－12．

[148]张宏．人力资本对我国对外直接投资逆向技术溢出效应的影响——基于省际面板数据的非线性门槛回归技术[J]．亚太经济，2012(4)：115－120．

[149]张嘉，张元庆．对外直接投资母国技术进步效应作用机理研究[J]．经济研究参考，2012(20)：57－60．

[150]张军，章元．对中国资本存量K的再估计[J]．经济研究，2003(7)：35－43．

[151]张小蒂．国际投资导论[M]．杭州：浙江大学出版社，1998．

[152]张莹．ODI和我国技术进步的机理分析[J]．宏观经济研究，2011(6)：50－54．

[153]张宇，蒋殿春．FDI技术外溢的地区差异与门槛效应——基于DEA与中国省际面板数据的实证检验[J]．当代经济科学，2007(5)：101－111．

[154]赵果庆．中国西部直接投资吸收能力研究[D]．云南大学，2004．

[155]赵伟，古广东，何元庆．外向FDI与中国技术进步：机理分析与尝试性实证[J]．管理世界，2006(7)：53－60．

[156]周春应．对外直接投资逆向技术溢出效应吸收能力研究[J]．山西财经大学学报，2009(8)：47－53．

[157]朱彤，崔昊．对外直接投资、逆向技术溢出与中国技术进步[J]．世界经济研究，2012(10)：60－67．

[158]邹玉娟，陈漓高．我国对外直接投资与技术提升的实证研究[J]．世界经济研究，2008(5)：70－77．

索　引

后记

时光飞逝，冬去春来，我和妻子仇怡博士在湖南科技大学已经共同奋斗了数十载，结婚生子、攻读学位、晋升职称等等，点点滴滴都是成长的见证。这本专著是我们共同研究的成果，不仅代表了我们在研究对外直接投资与母国技术进步相关问题取得的一点点成绩，同时也将是我们走向更深研究领域的新起点。

本书是在我的博士论文的基础上进一步修改完善而成的，得到了恩师刘辉煌教授的悉心指导与鼓励。恩师功底扎实、学识广博、才思敏捷、治学严谨、刻苦勤勉、言传身教，对我整个博士期间的学习倾注了大量的精力和心血。恩师胸怀宽广、秉性仁爱，待人处世的态度令我终身受益。感谢师母张意湘老师一直以来对我的厚爱和关注，让我倍增前进的动力和勇气。

感谢湖南大学经贸学院赖明勇教授、张亚斌教授、王耀中教授、许和连教授等一批优秀的博导，他们知识渊博、循循善诱，使我深受教益，自身的经济学专业知识水平和学术研究能力也不断提高。感谢陶娟老师的辛勤工作和热心帮助。感谢研究团队中的余昌龙、王亮方、郭娟、彭绍臣、邝希聪、代迪尔、庄树坤等同学，在与他们的学习交流中，我受益匪浅。

本书的完成离不开湖南科技大学各级领导和老师的支持。在此要特别感谢副校长刘友金教授、院长向国成教授以及商学院同事们给予的关怀与帮助。感谢研究生文红艳、吴友、聂萼辉、黄飞霞等在写作过程中为数据查找、文献整理与文稿校对提供的帮助，其中文红艳在第3章的数据分析部分、吴友在第6章的实证检验部分做了大量的工作。感谢中国经济出版社贺静老师的精心编辑。本书的出版得到了国家自然科学基金资助项目（项目批准号：71103062）和湖南科技大学学术著作出版基金的资助，在此一并表示感谢！

我与我的妻子尤其要深深感谢为我们操劳一生、任劳任怨的双方父母，没有他们的鼓励、关爱和包容，没有他们伟大无私、无怨无悔的付出，就没有我们的今天。祝福我们的父母健康长寿、幸福快乐！特别要感谢我们最可爱的宝贝女儿——聪明伶俐、人见人爱的开心果吴求憬小朋友，她的到来给了我们无限的欢乐、幸福与对未来的美好追求和憧憬！

本书的出版，凝聚着众多师长、朋友和亲人的期望与辛劳，这里难以一一列出名字。我们只能非常诚恳地在此向所有在工作、生活和人生路途中给予过我们指导、帮助和善意的人们致以最诚挚的谢意！此外，本项研究成果参考了大量的中外研究文献，除了书中特别标注以外，我们已尽可能地将这些文献完整地列示于最后的参考文献部分，但是依然可能有遗漏。在此，我们谨向原作者表达最真诚的感谢与敬意，并向有可能遗漏的作者致以由衷的歉意。

由于时间和学识所限，本书的内容难免会存在一些错误和不妥之处，敬请批评指正！

吴建军
2014 年 3 月于湖南湘潭